Закону нема на таких!

Плід духу

Закону нема на таких!

Доктор Джерок Лі

Закону нема на таких! Автор: доктор Джерок Лі
Опубліковано видавництвом Урім Букс
(Представник: Seongnam Vin)
73, Yeouidaebang-ro 22-gil, Dongjak-gu, Сеул, Корея
www.urimbooks.com

Всі права захищені. Цю книжку, або будь-які уривки з неї, забороняється відтворювати у будь-якій формі, зберігати у системі комп'ютера, передавати у будь-якій формі та будь-яким способом: електронним, механічним, робити фотокопії, записувати або користуватися для цього іншим способом без попереднього письмового дозволу видавця.

Якщо не записано інше, всі цитати із Біблії взяті з Біблії перекладу І. Огієнка.

Авторське право © 2020 Доктор Джерок Лі
ISBN: 979-11-263-0525-4 03230
Авторське право перекладу © 2014 Доктор Естер К. Чан. Використовується за дозволом.

Перше видання: Січень 2020

Раніше видано корейською мовою видавництвом «Урім букс» у 2009 році у м. Сеул, Корея

Редактор: доктор Геумсун Він
Підготоване до друку редакційним бюро «Урім букс»
Надруковано компанією «Євон»
Для отримання більш детальної інформації звертайтеся за адресою:
urimbook@hotmail.com

«А плід духа: любов, радість, мир, довготерпіння, добрість, милосердя, віра, лагідність, здержливість: Закону нема на таких!»

Послання до галатів 5:22-23

Передмова

Християни здобувають справжню свободу,
приносячи плоди Святого Духу,
проти яких нема закону.

Всі люди повинні виконувати норми і правила за певних обставин. Якщо вони сприймають такі закони, як кайдани, які заковують їх, вони відчуватимуть важкість і біль. Якщо вони відчувають важкість, марнують своє життя і порушують порядок, це не є свобода. Давши собі волю у цьому, вони відчуватимуть марність. Зрештою на них чекатиме лише вічна загибель.

Справжня свобода полягає у тому, щоби звільнитися від вічної загибелі, від сліз, горя і болю. А також у тому, щоби управляти первинною природою, яка дає нам все це, і отримати силу підкоритися їм. Бог любові не бажає, щоби ми страждали якимось чином, і тому Він записав у Біблії, якими способами можна насолоджуватися вічним життям і справжньою свободою.

Злочинці, або порушники закону, зустрівши поліцейських, починають нервувати. Але люди, які дотримуються закону, так себе не почувають. Вони завжди можуть попросити поліцейського про допомогу і почуваються безпечніше з поліцією.

Так само люди, які живуть в істині, не бояться нічого і насолоджуються справжньою свободою, бо розуміють, що закон Бога – це канал для отримання благословень. Вони можуть насолоджуватися свободою, як кити, які плавають в океані, і орли, які літають в небі.

Закон Бога можна значною мірою розподілити на чотири частини. Він наказує нам робити, не робити, дотримуватись і позбуватись певних речей. З часом світ надто забруднився у гріхах і злі, і тому велика кількість людей відчувають тяжкість закону Бога і не виконують його. Народ Ізраїлю дуже страждав в епоху Старого Заповіту, якщо люди не виконували Закон Мойсея.

Тому Бог послав Ісуса на цю землю і звільнив всіх людей від прокляття Закону. Безгрішний Ісус загинув на хресті, і кожен, хто вірить у Нього, може спастись через віру. Коли люди отримують дар Святого Духу, прийнявши Ісуса Христа, вони стають Божими дітьми і також можуть приносити плоди

Святого Духу під Його керівництвом.

Коли Святий Дух входить у наше серце, Він допомагає нам зрозуміти глибину Бога і жити за Божим Словом. Наприклад, коли людина не може дійсно щось простити, Він нагадує нам про прощення і любов Господа, допомагає нам простити ту людину. Тоді ми можемо швидко позбутися зла зі свого серця, замінивши його добром і любов'ю. Таким чином, якщо ми приносимо плоди Святого Духу під керівництвом Святого Духу, ми не лише насолоджуватимемось свободою в істині, але також отримаємо любов, що переливається через край, а також благословення від Бога.

Завдяки плоду Духу ми можемо перевірити себе: наскільки ми освячені і наскільки близько ми можемо підійти до Божого престолу, а також наскільки ми зростили серце Господа, нашого нареченого. Чим більший плід Духу ми приносимо, тим яскравішою і прекраснішою буде наша небесна оселя. Щоби потрапити до небесного Нового Єрусалиму, ми повинні приносити всі плоди у повній мірі, а не лише деякі з них.

Завдяки певним прикладам книжка *«Закону нема на таких»* дозволить вам легко зрозуміти духовне значення дев'яти плодів Святого Духу. Разом із Духовною любов'ю, про яку написано у 1 Посланні до коринтян 13, Заповідями Блаженства, записаними в Євангелії від Матвія 5, плоди Святого Духу є дороговказом, який веде нас до істинної віри. Вони вестимуть нас, доки ми не досягнемо кінцевого призначення своєї віри, Нового Єрусалиму.

Я дякую Геумсун Він, директору редакційного бюро, а також його працівникам, і молюсь в ім'я Господа про те, щоби ви завдяки цій книзі швидко принесли дев'ять плодів Святого Духу, щоби ви змогли насолоджуватися істинною свободою і стали мешканцями Нового Єрусалиму.

Джерок Лі

Вступ

Дороговказ для нашої подорожі віри до небесного Нового Єрусалиму

Всі люди у сучасному світі чимось зайняті. Вони працюють без перепочинку щоби володіти багатьма речами і насолоджуватись ними. Однак деякі люди мають свої власні життєві цілі окрім світових тенденцій, але навіть час від часу бажають знати, чи насправді вони живуть правильно. У якусь мить вони можуть поглянути, як вони жили досі. Протягом нашої подорожі віри ми також можемо швидко зрости і пройти скороченим шляхом до Небесного Царства, коли перевіримо себе за Божим Словом.

Розділ 1 «Приносити плід Духу» розповідає про Святий Дух, котрий воскрешає мертвий дух, який помер внаслідок гріха Адама. Тут розповідається про те, що ми можемо приносити багаті плоди Святого Духу, якщо виконуватимемо бажання Святого Духу.

Розділ 2 «Любов» розповідає нам про «любов» – перший плід Духу. Також тут розповідається про деякі розбещені види любові від гріхопадіння Адама і про способи зрощення любові, яка приємна Богові.

Розділ 3 «Радість» розповідає про те, що радість – це основний стандарт, за яким ми можемо перевірити, чи справжньою є наша віра, і пояснює причину, чому ми втратили радість першої любові. Тут також повідомляється про три способи, як можна приносити плід любові, завдяки якому ми можемо радіти і бути задоволеними за будь-яких обставин і у будь-якій ситуації.

Розділ 4 «Мир» розповідає про те, наскільки важливо зруйнувати стіни гріха, щоби мати мир з Богом, і що ми повинні зберігати мир із самими собою а також з тими, хто нас оточує. Тут нам також пояснюється, наскільки важливо говорити добрі слова і ставити себе на місце інших людей та зважати на їхню точки зору у процесі примирення.

Розділ 5 «Довготерпіння» розповідає про те, що справжнє терпіння полягає не лише у стримуванні поганих почутті. Ми маємо терпіти з добрим серцем, вільним від зла, отримувати великі благословення, маючи справжній спокій. Існує три види довготерпіння: терпіння змінити серце; терпіння до людей; терпіння до Бога.

Розділ 6 «Добрість» розповідає нам про те, яка людина є доброю на прикладі Господа. Розглядаючи властивості доброти, можна сказати, що вона відрізняється від «любові». Зрештою, ця якість показує нам шлях для отримання Божої любові і благословень.

Розділ 7 «Милосердя» розповідає нам про милосердне серце на прикладі Господа, Котрий не сварився і не кричав, Котрий очеретини надломленої не доломить, і ґнота догасаючого не погасить. Тут з-поміж інших плодів вирізняють милосердя, щоби ми могли приносити плід милосердя і випускати аромат Христа.

Розділ 8 «Віра» розповідає про те, які благословення ми отримуємо, коли ми вірні в усьому Божому домі. На прикладах Мойсея і Йосипа нам розповідається про те, яка людина приносить плід віри.

Розділ 9 «Лагідність» розповідає про те, що таке лагідність з точки зору Бога і описує характеристики тих, хто приносить плід лагідності. Тут дається пояснення на прикладі чотирьох ґрунтів; що ми маємо робити, щоби принести плід лагідності. І зрештою тут розповідається про благословення лагідних.

Розділ 10 «Здержливість» показує чому здержливість названа останнім плодом серед дев'яти плодів Святого Духу, а також чому важливо стримувати себе. Плід здержливості надто необхідний, завдяки йому можна навчитися управляти всіма іншими вісьмома плодами Святого Духу.

Розділ 11 «Закону нема на таких!» – завершальний, він допомагає зрозуміти важливість ходіння за Святим Духом. Тут висловлюється побажання, щоби всі читачі швидко стали людьми повного духу за допомогою Святого Духу.

Ми не можемо сказати, що маємо міцну віру, лише тому, що ми віримо вже довгий період часу або лише тому, що ми надто добре знаємо Біблію. Міра віри залежить від того, наскільки ми замінили своє серце на серце істини і наскільки ми зростили серце Господа.

Сподіваюся, всі читачі зможуть перевірити свою віру і принести дев'ять багатих плодів Святого Духу під керівництвом Святого Духу.

Ґеумсун Він,
Директор редакційного бюро

Зміст
Закону нема на таких!

Передмова · vii

Вступ · xi

Розділ 1
Приносити плід Духу   1

Розділ 2
Любов   13

Розділ 3
Радість   29

Розділ 4
Мир   49

Розділ 5
Довготерпіння   69

Розділ 6

Добрість						89

Розділ 7

Милосердя					107

Розділ 8

Віра						125

Розділ 9

Лагідність					145

Розділ 10

Здержливість					169

Розділ 11

Закону нема на таких!			185

Послання до галатів 5:16-21

«І кажу: ходіть за духом, і не вчините пожадливости тіла, бо тіло бажає противного духові, а дух противного тілу, і супротивні вони один одному, щоб ви чинили не те, чого хочете. Коли ж дух вас провадить, то ви не під Законом. Учинки тіла явні, то є: перелюб, нечистість, розпуста, ідолослуження, чари, ворожнечі, сварка, заздрість, гнів, суперечки, незгоди, єресі, завидки, п'янство, гулянки й подібне до цього. Я про це попереджую вас, як і попереджав був, що хто чинить таке, не вспадкують вони Царства Божого!»

Розділ 1

Приносити плід Духу

Святий Дух відроджує мертвий дух

Приносити плід Духу

Бажання Святого Духу і бажання тіла

Не падати духом, чинячи добро

Приносити плід Духу

Коли водії їдуть по вільному шосе, вони відчувають легкість і безпеку. Але якщо вони їдуть тим шляхом вперше, вони мають бути надто обережними і пильними. А якщо вони мають GPS-навігатор у машині? Вони мають детальну інформацію про дорогу і вірне керівництво, тому вони можуть досягти пункту призначення, не загубившись.

Наша подорож віри до небесного царства дуже схожа на такий шлях. Людей, які вірять в Бога і живуть за Його Словом, захищає Святий Дух, Він направляє їх, коли вони просуваються вперед, вони могли б уникнути багатьох перешкод і труднощів у житті. Святий Дух веде нас найкоротшим і найлегшим шляхом до пункту нашого призначення, Небесного Царства.

Святий Дух відроджує мертвий дух

Перший чоловік, Адам, був живим духом, коли Бог створив його і вдихнув у його ніздрі дихання життя. «Дихання життя» – це «сила, яка міститься у першоджерельному світлі». Цю силу було передано нащадкам Адама, коли вони жили в еденському раї.

Однак, коли Адам і Єва вчинили гріх непокори і їх було вигнано на землю, все змінилося. Бог забрав більшу частину дихання життя в Адама і Єви. Залишивши лише його слід, яким є «зерно життя». І зерно життя неможна передати від Адама і Єви їхнім дітям.

Тому на шостому місяці вагітності Бог вкладає зерно життя у дух дитини і насаджує його у ядро клітини, тобто у серце, яке є головним у людини. У випадку з тими людьми, які не прийняли Ісуса Христа, зерно життя залишається недіючим, так само, як зерно, вкрите твердою оболонкою. Ми говоримо, що дух мертвий, коли зерно життя не діє. Доки дух залишається мертвим, людина не може отримати вічне життя або потрапити до Небесного Царства.

Від падіння Адама всі люди мали помирати. Для того, щоби отримати знову вічне життя, вони повинні отримати прощення гріхів, що є першопричиною смерті, і їхній мертвий дух повинен відродитися. Тому Бог любові послав Свого єдиного Сина Ісуса на цю землю як спокутну жертву і відкрив шлях спасіння. Тобто, Ісус взяв всі гріхи всього людства і загинув на хресті, щоби воскресити наш мертвий дух. Він став шляхом, істиною і життям для всіх людей, які отримали вічне життя.

Тому коли ми приймаємо Ісуса Христа як свого власного Спасителя, наші гріхи прощаються. Ми стаємо Божими дітьми і отримуємо дар Святого Духа. Маючи силу Святого Духа, зерно життя, яке дрімало і було вкрите товстою оболонкою, прокидається і починає діяти. Тоді відроджується мертвий дух. Про це написано в Євангелії від Івана 3:6: *«…що ж уродилося з Духа – є дух»*. Зерно, яке пустило паростки, може вирости лише тоді, коли має достатньо води і сонячного світла. Так само, зерно життя має отримувати духовну воду і світло, щоби воно могло вирости після того, як пустило паростки. Тобто, щоби змусити наш дух зрости, ми повинні вивчати Боже Слово, яке є духовною водою, і діяти відповідно до Божого Слова, яке є духовним світлом.

Святий Дух, який увійшов у наше серце, дає нам

можливість дізнатися про гріх, праведність і суд. Він допомагає нам позбутися гріхів і зла і жити у праведності. Він дає нам силу, щоби ми могли думати, говорити і діяти в істині. Він також допомагає нам жити вірним життям, вірячи і сподіваючись на Небесне Царство, так що наш дух може добре зростати. Щоби ви могли краще зрозуміти, дозвольте навести приклад.

Припустимо, що дитина виховувалась у щасливій сім'ї. Одного дня хлопчик пішов у гори, і, побачивши чудовий краєвид, вигукнув: «Оце так!» Але раптом хтось відповів так само: «Оце так!». Хлопець здивовано запитав: «Хто ти?», але хтось повторив за ним. Хлопчик розсердився, що хтось передражнює його, і промовив: «Ти намагаєшся воювати зі мною?» і ті самі слова повернулися до нього. Раптом хлопчик відчув, ніби хтось спостерігає за ним, і злякався.

Він швидко побіг додому і розповів мамі про те, що сталося. Він сказав: «Мамо, у горах живе якийсь поганий хлопець». Але мама, лагідно посміхаючись, промовила: «Я думаю хлопчик у горах хороший і може стати твоїм другом. Чому б тобі не піти у гори завтра і не вибачитись перед ним?» Наступного ранку хлопчик піднявся на вершину гори і голосно вигукнув: «Вибач за вчорашнє! Хочеш бути моїм другом?» У відповідь хлопчик почув такі самі слова.

Мама допомогла синові зрозуміти все самостійно. Так само і Святий Дух, наче лагідна ненька, допомагає нам у нашій подорожі віри.

Приносити плід Духу

Коли зерно посіяне, воно проростає, виростає і цвіте, після чого дозріває плід. Так само, коли зерно життя, посаджене в нас Богом, пускає бруньки завдяки Святому Духу, воно виростає і приносить плід Святого Духу. Проте не всі люди, які отримали Святий Дух, приносять плоди Святого Духу. Ми можемо приносити плід Духу лише якщо ходитимемо під керівництвом Святого Духу.

Святий Дух можна порівняти з електричним генератором. Електричний струм виробляється лише тоді, коли працює електричний генератор. Якщо до генератора приєднати електричну лампу, вона буде світитися. Коли є світло, темрява зникає. Так само, коли Святий Дух працює в нас, темрява в нас зникає, тому що у серце входить світло. Тоді ми можемо приносити плоди Святого Духу.

До речі, тут є дещо важливе. Щоби електрична лампа засвітилася, недостатньо просто приєднати її до електричного генератора. Необхідно також увімкнути генератор. Бог дав нам двигун, який називається Святий Дух. І саме ми повинні увімкнути двигун, Святий Дух.

Щоби завести двигун Святого Духу, ми повинні пильнувати і палко молитися. Ми також повинні коритися керівництву Святого Духу, щоби ходити в істині. Коли ми коримося керівництву і спонуканню Святого Духу, ми говоримо, що ми виконуємо бажання Святого Духу. Ми будемо сповнені Святого Духу, якщо старанно виконуватимемо Його бажання, і таким чином наші серця зміняться за допомогою істини. Ми приноситимемо плоди Святого Духу, коли потрапимо у повноту Святого Духу.

Коли ми позбудемося гріховної природи і зростимо серце духу за допомогою Святого Духу, почнуть формуватися плоди Святого Духу. Але так само як швидкість дозрівання і розміри винограду у тому ж гроні різні, деякі плоди Святого Духу можуть повністю дозріти, а деякі плоди Святого Духу будуть недозрілими. Хтось може приносити багатий плід любові, тоді як плід здержливості буде ще не зовсім дозрілий. Або хтось матиме дозрілий плід віри, а плід лагідності буде недозрілим.

Однак з часом всі ягоди винограду дозріють повністю і все гроно буде повне великих темно-фіолетових ягід. Так само, якщо ми приносимо всі плоди Святого Духу, це означає, що ми стали людьми повного духу, яких бажає отримати Бог. Такі люди випускатимуть аромат Христа у кожному аспекті свого життя. Вони ясно почують голос Святого Духу і продемонструють силу Святого Духу, прославляючи Бога. Оскільки вони повністю будуть походити на Бога, вони отримають характеристики, щоби увійти у Новий Єрусалим, де знаходиться престол Бога.

Бажання Святого Духу і бажання тіла

Ми намагаємося виконувати бажання Святого Духу, але існує ще одне бажання, яке непокоїть нас. Це бажання тіла. Бажання тіла наслідує неправду, яка протилежить Божому Слову. Вони змушують нас приймати такі речі, як похіть тіла, похіть очей і хвастлива гордість життя. Вони також дозволяють нам чинити гріхи і застосовувати на практиці неправедність і беззаконня.

Недавно до мене прийшов чоловік і попросив помолитися, щоби він перестав переглядати непристойні передачі і журнали. Він сказав, що вперше почав це дивитися не для насолоди, а для того, щоби зрозуміти, яким чином така продукція впливає на людину. Але продивившись один раз, він постійно згадував сцени і хотів передивитися їх ще раз. Але всередині нього Святий Дух не дозволяв йому це робити, і тому чоловік почав хвилюватися.

З цього прикладу видно, що його серце збудилося внаслідок хтивості очей, а саме, від того, що він бачив очима і чув вухами. Якщо ми не відкинемо похіть тіла і продовжимо її приймати, скоро ми також почнемо чинити неправду двічі, тричі, чотири рази, і кількість постійно збільшуватиметься.

Тому у Посланні до галатів 5:16-18 написано: *«І кажу: ходіть за духом, і не вчините пожадливости тіла, бо тіло бажає противного духові, а дух противного тілу, і супротивні вони один одному, щоб ви чинили не те, чого хочете. Коли ж дух вас провадить, то ви не під Законом».*

З одного боку, коли ми виконуємо бажання Святого Духу, ми маємо мир у своєму серці, і ми будемо задоволені, тому що Святий Дух радітиме. З іншого боку, якщо ми виконуватимемо бажання тіла, наші серця хвилюватимуться, тому що Святий Дух стогнатиме в нас. Також ми втратимо повноту Духу, тож набагато складніше буде виконувати бажання Святого Духу.

Павло говорив про це у Посланні до римлян 7:22-24: *«Бо*

маю задоволення в Законі Божому за внутрішнім чоловіком, та бачу інший закон у членах своїх, що воює проти закону мого розуму, і полонить мене законом гріховним, що знаходиться в членах моїх. Нещасна я людина! Хто мене визволить від тіла цієї смерти?» В залежності від того, чи виконуємо ми бажання Святого Духу, або бажання тіла, ми можемо стати дітьми Бога, які отримали спасіння, або дітьми темряви, які обрали шлях смерті.

У Посланні до галатів 6:8 написано: *«Бо хто сіє для власного тіла свого, той від тіла тління пожне. А хто сіє для духа, той від духа пожне життя вічне»*. Якщо ми виконуємо бажання тіла, ми чинитимемо лише справи тіла, тобто гріх і беззаконня, і зрештою ми не потрапимо до Небесного Царства (Послання до галатів 5:19-21). Але якщо ми виконуватимемо бажання Святого Духу, ми приноситимемо дев'ять плодів Святого Духу (Послання до галатів 5:22-23).

Не падати духом, чинячи добро

Ми приносимо плід Святого Духу і стаємо істинними дітьми Бога в залежності від того, як ми діємо з вірою, тримаючись Святого Духу. Однак у серці людини існує серце істини і серце неправди. Серце істини змушує нас виконувати бажання Святого Духу і жити за Божим Словом. Серце неправди змушує нас виконувати бажання тіла і жити у темряві.

Наприклад, святити день Господній – одна із десяти

заповідей, яку повинні виконувати Божі діти. Але віруюча людина, яка тримає магазин і має слабку віру, може мати конфлікт у своєму серці, вважаючи, що втратить дохід, якщо магазин не працюватиме у неділю. Бажання плоті можуть змусити віруючу людину думати так: «Може, закривати магазин через тиждень? Або можна було би ходити на ранкові богослужіння у неділю, а дружина зможе ходити на вечірні богослужіння, щоби працювати по черзі у магазині?» Але бажання Святого Духу допоможуть людині коритися Божому Слову, даючи таке розуміння: «Якщо я святитиму день Господній, Бог дасть мені більше доходу, ніж коли я відчинятиму магазин щонеділі».

Святий Дух допомагає нам у наших немочах і заступається за нас невимовними зідханнями (Послання до римлян 8:26). Коли ми застосовуємо істину на практиці, приймаючи допомогу Святого Духу, ми матимемо мир у своєму серці, і наша віра день за днем зростатиме.

Боже Слово, записане в Біблії, – це незмінна істина і милосердя. Воно дає Божим дітям вічне життя, це світло, яке направляє їх, щоби насолоджуватись вічним щастям і радістю. Божі діти, яких веде Святий Дух, повинні розіп'яти тіло разом зі своїми пристрастями і бажаннями. Вони також повинні виконувати бажання Святого Духу відповідно до Божого Слова і не занепадати духом, чинячи добро.

В Євангелії від Матвія 12:35 написано: *«Добра людина з доброго скарбу добре виносить, а лукава людина зо скарбу лихого виносить лихе»*. Тому ми повинні позбутися зла зі свого серця, палко молячись і продовжуючи накопичувати добрі справи.

У Посланні до галатів 5:13-15 написано: *«Бо ви, браття, на волю покликані, але щоб ваша воля не стала приводом догоджати тілу, а любов'ю служити один одному! Бо ввесь Закон в однім слові міститься: Люби свого ближнього, як самого себе! Коли ж ви гризете та їсте один одного, то глядіть, щоб не знищили ви один одного!»*, а також у посланні до галатів 6:1-2 написано: *«Браття, як людина й упаде в який прогріх, то ви, духовні, виправляйте такого духом лагідности, сам себе доглядаючи, щоб не спокусився й ти! Носіть тягарі один одного, і так виконаєте закона Христового»*.

Коли ми виконуємо такі Слова Бога, ми можемо приносити багатий плід Духу і стати людьми духу і повного духу. Тоді ми отримаємо все, про що просимо у молитві, і потрапимо до Нового Єрусалиму, що знаходиться у вічному Небесному Царстві.

1 Послання Івана 4:7-8

«Улюблені, любім один одного, бо від Бога любов,

і кожен, хто любить, родився від Бога та відає Бога!

Хто не любить, той Бога не пізнав, бо Бог є любов!»

Розділ 2

Любов

Найвищий рівень духовної любові
Тілесна любов з часом змінюється
Духовна любов готова пожертвувати власним життям
Істинна любов до Бога
Щоби приносити плід любові

Любов

Любов сильніша, ніж ми можемо собі уявити. За допомогою сили любові ми можемо врятувати тих, кого залишив Бог, або хто прямує шляхом смерті. Любов може дати більше сили і підбадьорити. Якщо ми покриємо провини людей силою любові, відбудуться дивовижні зміни, і ми отримаємо великі благословення, тому що Бог працює посеред милосердя, любові, істини і справедливості.

Група соціологічного дослідження дослідила 200 студентів, які проживали у районах для бідних у місті Балтимор. Група дійшла висновку, що ті студенти вважали себе нещасними і практично не сподівалися на успіх. Але через 25 років додатково дослідили життя тих самих студентів. Результати були приголомшливими. 176 з 200 студентів стали успішними у суспільстві, ставши юристами, лікарями, проповідниками і бізнесменами. Звичайно, дослідники запитали, як вони змогли подолати несприятливі умови, які оточували їх. Всі вони пригадали ім'я свого вчителя. Учителя запитали, як йому вдалося неймовірно змінити життя тих студентів. Він відповів: «Я просто любив їх, і вони знали про це».

Тож що таке любов, перший із дев'яти плодів Святого Духу?

Найвищий рівень духовної любові

Звичайно, любов можна розподілити на тілесну і духовну. Тілесна любов шукає власної вигоди. Це безглузда любов, яка з часом зміниться. Однак духовна любов шукає вигоди для інших і за жодних умов не змінюється. У 1 Посланні до коринтян 13 детально розповідається про духовну любов.

«Любов довготерпить, любов милосердствує, не заздрить, любов не величається, не надимається, не поводиться нечемно, не шукає тільки свого, не рветься до гніву, не думає лихого, не радіє з неправди, але тішиться правдою, усе зносить, вірить у все, сподівається всього, усе терпить!» (вірші 4-7).

Тоді чим відрізняються плоди любові, про які написано у Посланні до галатів 5, від духовної любові, про яку написано у 1 Посланні до коринтян 13? Любов, як плід Святого Духу, включає у себе жертовну любов, коли людина може віддати власне життя. Така любов на рівень вище любові, про яку написано у 1 Посланні до коринтян 13. Це найвищий рівень духовної любові.

Якщо ми приносимо плід любові і можемо пожертвувати своїм життям заради інших, тоді ми можемо любити все і всіх. Бог любив нас повністю, а Господь любив нас всім Своїм життям. Якщо ми матимемо у собі таку любов, ми зможемо пожертвувати своїм життям заради Бога, Його царства і правди Його. Крім того, оскільки ми любимо Бога, ми також можемо мати найвищий рівень любові, щоби віддавати своє життя не лише за своїх братів, але також за ворогів, які ненавидять нас.

У 1 Посланні Івана 4:20-21 написано: *«Як хто скаже: Я*

Бога люблю, та ненавидить брата свого, той неправдомовець. Бо хто не любить брата свого, якого бачить, як може він Бога любити, Якого не бачить? І ми оцю заповідь маємо від Нього, щоб, хто любить Бога, той і брата свого любив!» Отже, якщо ми любимо Бога, ми будемо любити всіх. Якщо ми говоримо, що любимо Бога, але при цьому ненавидимо когось, значить, ми говоримо неправду.

Тілесна любов з часом змінюється

Коли Бог створив першого чоловіка, Адама, Він любив його духовною любов'ю. Він посадив чудовий сад на сході в Едені і дозволив йому жити там, не маючи ні в чому нестачі. Бог ходив з ним. Бог дав йому не лише еденський рай, чудове місце для життя, а також владу підкоряти і панувати над усім, що є на землі.

Бог дав Адамові духовну любов, що переливалася через край. Але Адам насправді не міг відчути Божу любов. Адам ніколи не відчував ненависті або тілесної любові, яка змінюється, тож він не розумів, якою дорогоцінною є Божа любов. Через багато-багато років Адама спокусив змій, і він виявив непокору Божому Слову. Він їв плід з дерева, з якого заборонив їсти Бог (Книга Буття 2:17; 3:1-6).

В результаті гріх увійшов у серце Адама, і він став чоловіком тіла, який вже більше не міг спілкуватися з Богом. Бог не міг йому дозволити далі жити в еденському раї, тому Адам був вигнаний на цю землю. Поки люди проходили процес зрощення (Книга Буття 3:23), всі вони, нащадки

Адама, дізналися і відчули відносність всього: ненависть, заздрість, біль, горе, хворобу і рани, зрозуміли, що в Едені вони знали іншу любов. З часом вони надто віддалилися від духовної любові. Їхні серця зіпсувалися і стали тілесними через гріх, тому їхня любов стала тілесною.

Оскільки від гріхопадіння Адама пройшло надто багато часу, у наш час ще важче знайти духовну любов у цьому світі. Люди висловлюють свою любов різноманітними способами, але їхня любов – лише тілесна, яка з часом змінюється. Минає час, ситуації і умови змінюються, люди змінюють свої думки, зраджують своїм коханим, роблячи це задля власної вигоди. Вони віддають лише тоді, коли хтось віддає першим, або коли дарування вигідне для них. Якщо ви бажаєте отримати стільки ж, скільки ви віддали, або якщо ви засмучуєтесь, коли інші люди не дають вам того, що ви бажали отримати у відповідь, або чого ви від них очікуєте, – це також тілесна любов.

Коли чоловік і жінка зустрічаються, вони можуть говорити, що «кохатимуть один одного вічно», а також що вони «не можуть жити один без одного». Однак у багатьох випадках вони змінюють свою думку після одруження. З часом вони починають помічати те, що їм не подобається у своєму партнері. Колись все було добре, і вони намагалися догодити один одному в усьому, але тепер вони не можуть того робити. Вони сердяться або чинять неприємності один одному. Вони можуть засмутитися, якщо чоловік або дружина не роблять того, чого їм хочеться. Лише двадцять років тому розлучення було рідким випадком, а тепер люди розлучаються дуже легко, і скоро після розлучення хтось із подружжя швидко знову одружується. І кожного разу вони говорять, що щиро кохають свого партнера. Це типово для тілесної любові.

Любов між батьками і дітьми не дуже відрізняється. Звичайно, деякі батьки готові віддати життя за своїх дітей, але навіть тоді це не можна назвати духовною любов'ю, якщо вони віддають свою любов лише своїм дітям. Якщо ми маємо духовну любов, ми можемо давати її не лише власним дітям, але всім людям. Але оскільки світ став набагато тихішим, рідко можна знайти батьків, які могли би пожертвувати своїм життям навіть заради власних дітей. Багато батьків і дітей вороже ставляться один до одного через фінансових проблем або через розбіжність у поглядах.

А як щодо любові між братами і сестрами та друзями? Багато братів стають ворогами, якщо вони вплутуються у якісь фінансові справи. Те саме часто відбувається з друзями. Вони люблять один одного, коли все добре і коли вони в усьому погоджуються. Але їхня любов може змінитися у будь-яку мить, якщо щось зміниться. Також у більшості випадків люди бажають повернути собі стільки ж, скільки віддали. У запалі вони можуть віддати, не бажаючи нічого у відповідь. Але коли запал минає, вони шкодують, що віддали і не отримали нічого у відповідь. Зрештою це означає, що вони бажали щось отримати у відповідь. Така любов називається тілесною.

Духовна любов готова пожертвувати власним життям

Зворушливо, якщо хтось віддає своє життя за кохану людину. Але якщо ми знаємо, що збираємося віддати своє життя за когось, нам стає важко любити ту людину. Таким чином, людська любов обмежена.

Один цар мав прекрасного сина. У тому царстві був загальновідомий убивця, якого засудили до страти. Засуджений міг залишитися живим лише єдиним чином: якщо замість нього стратять невинну людину. Чи міг цар віддати свого невинного сина на смерть замість убивці? Такого ніколи не було за всю історію людства. Але Бог-Творець, якого неможливо порівняти з земним царем, віддав свого єдиного Сина за нас. Він надто сильно любить нас (Послання до римлян 5:8).

Через гріх Адама все людство мало стати на шлях смерті, щоби заплатити за гріх. Щоби спасти людство і вести його на небеса, необхідно було вирішити проблему гріха. Щоби вирішити проблему гріха, яка стояла між Богом і людьми, Бог послав Свого єдиного Сина Ісуса заплатити ціну за гріх людей.

У Посланні до галатів 3:13 написано: *«Проклятий усякий, хто висить на дереві»*. Ісуса повісили на дерев'яному хресті, щоби Він міг звільнити нас від прокляття закону, в якому написано: *«Бо заплата за гріх – смерть»* (Послання до римлян 6:23). Також оскільки немає прощення без пролиття крові (Послання до євреїв 9:22), Він пролив всю Свою воду і кров. Ісус отримав покарання замість нас, і кожен, хто вірить у Нього, може отримати прощення гріхів і вічне життя.

Бог знав, що грішники будуть переслідувати, насміхатися і зрештою розіпнуть на хресті Ісуса, Сина Божого. Однак щоби врятувати грішний людський рід, який був приречений на вічну смерть, Бог послав на цю землю Ісуса.

У 1 Посланні Івана 4:9-10 написано: *«Любов Божа до нас з'явилася тим, що Бог Сина Свого Однородженого послав у світ, щоб ми через Нього жили. Не в тому любов, що ми полюбили Бога, а що Він полюбив нас, і послав Свого Сина вблаганням за наші гріхи».*

Бог підтвердив Свою любов до нас, віддавши на хрест Свого єдиного Сина Ісуса. Ісус показав Свою любов, принісши Себе у жертву на хресті, щоби викупити людство від гріхів. Таку любов Бога ми бачимо у тому, що Він віддав Свого Сина, – вічну і незмінну любов особи, яка здатна віддати все своє життя до останньої краплі крові.

Істинна любов до Бога

Чи можемо ми також мати такий рівень любові? У 1 Посланні Івана 4:7-8 написано: *«Улюблені, любім один одного, бо від Бога любов, і кожен, хто любить, родився від Бога та відає Бога! Хто не любить, той Бога не пізнав, бо Бог є любов!»*

Якби ми не лише мали основне знання але глибоко відчували у своєму серці, яку любов дав нам Бог, ми безумовно любили би Бога по-справжньому. У своєму християнському житті нас можуть спіткати випробування, які важко перенести, або ми можемо зіткнутися із ситуацією, коли ми можемо втратити все своє майно і всі цінні для нас речі. Навіть у таких ситуаціях наші серця не похитнуться, оскільки ми маємо істинну любов.

Я мало не втратив трьох своїх дорогоцінних дочок. Більше 30 років тому в Кореї більшість людей користувалися для обігріву вугільними брикетами. Чадний газ від вугілля часто стає причиною нещасливих випадків. Це сталося після відкриття церкви. Моє житло знаходилося у підвальному приміщенні церкви. Троє моїх доньок і ще один юнак отруїлися чадним газом. Вони всю ніч дихали чадним газом, здавалося, не було жодної надії на одужання.

Коли я побачив своїх непритомних доньок, я не відчував горя і не скаржився. Я був вдячний, що вони житимуть вічно на небесах, де немає сліз, смутку і болю. Але оскільки молодий чоловік, котрий отруївся разом з ними, був лише членом церкви, я попросив Бога воскресити його, щоби не ганьбити Бога. Я поклав руки на юнака і помолився про нього. Тоді я помолився про свою найменшу доньку. Коли я молився про неї, до хлопця повернулася свідомість. Коли я молився про середню доньку, найменша прокинулась. Скоро до старшої і середньої доньки повернулася свідомість. Вони не мали жодних наслідків отруєння і досі почуваються добре. Всі троє служать у церкві пасторками.

Якщо ми любимо Бога, наша любов не зміниться за будь-яких обставин. Ми вже отримали Його жертовну любов, коли Він віддав заради нас на смерть Свого єдиного Сина, і тому ми не маємо жодної причини ображатися на Нього або сумніватися у Його любові. Ми можемо лише любити Його незмінно. Ми лише можемо повністю довіряти Його любові і бути вірними Йому все своє життя.

Таке ставлення не зміниться, коли ми також піклуватимемось про душі інших людей. У 1 Посланні Івана 3:16 написано: *«Ми з того пізнали любов, що душу Свою Він поклав був за нас. І ми мусимо класти душі за братів!»* Якщо ми зрощуємо істинну любов до Бога, ми любитимемо своїх братів істинною любов'ю. Це означає, що ми не бажатимемо шукати власної вигоди і тому віддаватимемо все, що маємо, не бажаючи нічого у відповідь. Ми принесемо себе у жертву, маючи чисті мотиви, і віддаватимемо все своє майно іншим.

Я пройшов крізь багато випробувань і досі прямую шляхом віри. Мене зраджували люди, яким я багато віддавав, до яких ставився, як до рідних. Інколи люди не розуміють мене і показують на мене пальцем.

Незважаючи на це, я поводився з ними милосердно. Я все передав у руки Бога і молився, щоби Він простив тих людей з любов'ю і співчуттям. У мене не було ненависті навіть до тих людей, які стали причиною великих труднощів для церкви і покинули її. Я лише хотів, щоби вони покаялися і повернулися. Коли ті люди вчинили багато лихого, це стало для мене великим випробуванням. Однак я ставився до них милосердно, тому що вірив, що Бог любить мене, і тому що я любив їх Божою любов'ю.

Щоби приносити плід любові

Ми можемо приносити плід любові абсолютно в залежності від того, як ми освячуємо свої серця, позбуваючись гріхів, зла, беззаконня. Істинна любов походить від серця, в якому немає зла. Якщо ми маємо істинну любов, ми даватимемо іншим мир і ніколи не завдаватимемо клопоту і не обтяжуватимемо інших. Ми також будемо розуміти серця інших людей і служитимемо їм. Ми зможемо давати їм радість і допомогу, щоби добре велося їхній душі, щоби поширювалось Боже Царство.

В Біблії ми читаємо про те, яку любов зрощували батьки віри. Мойсей любив свій народ, Ізраїль, так сильно, що хотів визволити їх, навіть якщо його ім'я мало бути витерте з книги життя (Книга Вихід 32:32).

Апостол Павло також любив Господа незмінним розумом відколи зустрів Його. Він став апостолом язичників, врятував багато душ і створив церкви протягом трьох своїх місіонерських подорожей. Незважаючи на те, що його шлях був виснажливий і повний небезпеки, він проповідував Ісуса Христа доки не помер мученицькою смертю у Римі.

З боку євреїв постійно існувала загроза, переслідування і заворушення. Павла били і ув'язнювали. Після корабельної аварії він добу перебував у відкритому морі. Однак він ніколи не шкодував, що обрав такий шлях. Павло не думав про себе, він турбувався про церкву і віруючих навіть коли проходив випробування.

У 2 Посланні до коринтян 11:28-29 він висловив свої почуття: *«Окрім зовнішнього, налягають на мене денні повинності й журба про всі Церкви. Хто слабує, а я не слабую? Хто спокушується, а я не палюся?»*

Апостол Павло не жалів свого життя, тому що мав палаючу любов до людей. Його величезна любов виражається у Посланні до римлян 9:3, де написано: *«Бо я бажав би сам бути відлучений від Христа замість братів моїх, рідних мені тілом»*. Тут «мої брати» – це не сім'я і не родичі. Це всі євреї, включаючи тих, хто переслідував апостола.

Він би краще потрапив до пекла замість них, якби лише міг спасти тих людей. Таку любов мав апостол Павло. Також, як написано в Євангелії від Івана 15:13: *«Ніхто більшої любови не має над ту, як хто свою душу поклав би за друзів своїх»*, апостол Павло підтвердив свій найвищий рівень любові, ставши мучеником.

Деякі люди говорять, що люблять Господа, але не люблять своїх братів за вірою. Ці брати навіть не є їхніми ворогами, а також не просять віддати за них своє життя. Але вони конфліктують з ними і ніяково почуваються при вирішенні різних банальних питань. Навіть виконуючи Божу справу, вони мають важкі почуття, коли їхні погляди відрізняються. Деякі люди нечутливі до інших людей, чий дух в'яне і вмирає. Тоді чи можемо ми сказати, що такі люди люблять Бога?

Одного разу я відкрито заявив усій пастві: «Якби я би міг спасти тисячу душ, я би був готовий потрапити замість них до пекла». Звичайно, я дуже добре знаю, що таке пекло. Я ніколи не робитиму такого, за що можу потрапити до пекла. Але якщо я таким чином зможу спасти душі, які прямують до пекла, я би за власним бажанням пішов туди замість них.

У число тієї тисячі душ могли входити деякі члени нашої церкви. То могли бути лідери церкви або члени церкви, які живуть не за істиною, але прямують шляхом смерті, навіть після того, як почули слова істини і на власні очі побачили могутні справи Бога. Також то можуть бути люди, які переслідують нашу церкву, керуючись неправильним розумінням і заздрістю. Або, то можуть бути жителі Африки, які вмирають з голоду через громадянські війни, голод і бідність.

Так само, як Ісус помер за мене, я можу також віддати за них своє життя. Це не тому що я люблю їх, бо то є частиною мого обов'язку, тому що Бог говорить, що ми повинні любити. Я віддаю все своє життя і сили день за днем, щоби спасти їх, тому що я люблю їх більше, ніж власне життя, і не лише на словах. Я віддаю все своє життя, тому що знаю, що це найбільше бажання Бога-Отця, Котрий полюбив мене.

Моє серце переповнюють такі думки: «Як я можу проповідувати Євангеліє у більшій кількості місць?», «Як я можу явити більші справи Божої сили, щоби більше людей повірили?», «Як я можу дати їм можливість зрозуміти безглузді цього світу і допомогти їм вхопити Небесне Царство?»

Давайте подивимося на себе, щоби зрозуміти, скільки Божої любові зберігається в нас. Це така любов, маючи яку, Він віддав життя Свого єдинородного Сина. Якщо ми сповнені Його любові, ми любитимемо Бога та душі інших людей всім серцем. Це істинна любов. І якщо ми зростимо цю любов повністю, ми зможемо увійти у Новий Єрусалим, кристалоїд любові. Сподіваюся, що там всі ви ділитимесь вічною любов'ю з Богом-Отцем і Господом.

Послання до филип'ян 4:4

«Радійте в Господі завсіди,

і знову кажу: радійте!»

Закону нема на таких!

Розділ 3

Радість

Плід радості
Чому зникає радість першої любові
Коли народжується духовна радість
Якщо ви хочете приносити плід радості
Навіть принісши плід радості, ми сумуємо
Будьте впевненими і в усьому тримайтеся добра

Радість

Сміх знижує тиск, зменшує гнів і знімає напругу, таким чином запобігає серцевим нападам і раптовій смерті. Він також покращує імунітет людини, тому позитивно впливає на відвернення інфекційних захворювань, таких, як грип, або навіть таких хвороб, як рак, і таких, які пов'язані зі способом життя. Сміх звичайно дуже позитивно впливає на наше здоров'я. Бог також говорить нам завжди радіти. Деякі люди можуть сказати: «Як я можу радіти, якщо радіти нічому?» Але люди віри можуть завжди радіти в Господі, тому що вони вірять в те, що Бог допоможе їм подолати труднощі, і вони зрештою потраплять до Небесного Царства, де перебуває вічна радість.

Плід радості

Радість – це «стан посиленого і головним чином несамовитого або тріумфального щастя». Духовна радість, однак, – це не лише стан надмірного щастя. Навіть невіруючі радіють, коли їм добре, але все це лише тимчасове. Їхня радість зникає, коли виникають труднощі. Але якщо ми приносимо плід радості у своєму серці, ми зможемо радіти і бути задоволеними у будь-якій ситуації.

У 1 Посланні до солунян 5:16-18 написано: *«Завжди радійте! Безперестанку моліться! Подяку складайте за все, бо така Божа воля про вас у Христі Ісусі»*. Мати духовну радість означає завжди радіти і дякувати за будь-яких обставин. Радість – це один із найбільш очевидних і ясних категорій, за допомогою якої ми можемо перевірити своє християнське життя.

Деякі віруючі прямують шляхом Господа з радістю і щастям весь час, тоді як інші насправді не мають справжньої радості і подяки, що виходять з їхнього серця, хоча вони можуть сумлінно працювати у вірі. Вони ходять на богослужіння, моляться і виконують свої обов'язки у церкві, але вони роблять все те ніби повинність, при цьому залишаючись байдужими. І стикаючись з якоюсь проблемою, вони втрачають спокій і починають нервувати.

Якщо ви не можете вирішити якусь проблему власними силами, вам варто замислитися, чи дійсно ви радієте від щирого серця. Чому б вам не подивитися у дзеркало? Ви можете дізнатися, наскільки ви приносите плід радості. Насправді, одна лише благодать Ісуса Христа, Котрий спас нас Своєю кров'ю, – це більше ніж достатня умова для того, щоби ми завжди раділи. Ми були приречені потрапити до вічного вогню пекла, але завдяки крові Ісуса Христа ми отримали право потрапити до Небесного Царства, сповненого щастям і миром. Один лише цей факт може дати нам безумовне щастя.

Після Виходу, коли сини Ізраїлю перейшли Червоне море як по суші і звільнилися від єгипетської армії, яка переслідувала їх, вони дуже зраділи! Сповнені щастя, жінки танцювали з бубнами, і весь народ прославляв Бога (Книга Вихід 15:19-20).

Так само, коли людина приймає Господа, вона відчуває невимовну радість спасіння, вона співає і прославляє вустами навіть стомившись після важкого трудового дня. Навіть якщо людину переслідують за ім'я Господа, або хтось терпить тяжкі випробування несправедливо, він з радістю думає про Небесне Царство. Якщо така радість постійна і цілком зберігається, така людина скоро принесе плід радості у повній мірі.

Чому зникає радість першої любові

Однак насправді не так багато людей зберігають радість першої любові. Минає час відколи вони прийняли Господа, і радість зникає, їхні почуття щодо благодаті спасіння змінюються. Колись вони були щасливі навіть під час труднощів, думали про Господа, але пізніше почали зітхати і скаржитися на тяжке положення. Саме як сини Ізраїльського народу, які дуже швидко забули радість, яку вони відчували, переходячи Червоне море, і почали нарікати на Бога, повстали проти Мойсея, зіткнувшись з невеликими труднощами.

Чому люди так змінилися? Тому що вони мали тілесне у своєму серці. Тут тілесне має духовне значення. Воно означає природу або характер людей, який протилежить духовному. «Духовний» – це той, що належить Богові-Творцю, прекрасному і незмінному, тоді як «тілесний» характеризує все, що відірване від Бога. Це все, що загине, зіпсується і зникне. Тому всі види гріха: беззаконня, нечестивість і неправда, – це тілесне. Люди, які мають такі ознаки тіла, втратять свою радість, яка колись повністю наповняла їхні серця. Також оскільки природа людей змінюється, їхній ворог, сатана і диявол, намагається спричинити несприятливі ситуації, щоби збудити натуру, яка змінюється.

Апостола Павла били і ув'язнювали, коли він проповідував Євангеліє. Але коли він молився і прославляв Бога, не хвилюючись ні про що, стався великий землетрус і двері в'язниці відкрилися. Крім того, завдяки цій події він навернув у віру багато невіруючих. Він не втрачав радості під час важких випробувань, він радив віруючим *«Радійте в Господі завсіди, і знову кажу: радійте! Ваша лагідність хай буде відома всім людям. Господь близько! Ні про що не турбуйтесь, а в усьому нехай виявляються Богові ваші бажання молитвою й проханням з подякою»* (Послання до филип'ян 4:4-6).

Якщо ви опинилися у жахливій ситуації, ніби ви чіпляєтесь за край стрімкої скелі, чому б вам не помолитися з подякою, як то зробив апостол Павло? Богові сподобається ваш вчинок віри, і він все оберне на добро.

Коли народжується духовна радість

Давид воював на полі бою за свою країну з юних років. Він виконував свій військовий обов'язок у багатьох війнах. Коли цар Саул страждав від злих духів, Давид грав на арфі, щоби заспокоїти царя. Він ніколи не порушував наказ свого царя. Однак цар Саул не був вдячний Давидові за його службу. Насправді він ненавидів Давида, тому що заздрив йому. Оскільки Давида любив народ, Саул боявся, що в нього заберуть трон, і він переслідував Давида разом зі своєю армією, щоби вбити його.

У такій ситуації Давид, очевидно, повинен був втекти від Саула. Одного разу, щоби врятувати своє життя в іноземній країні, йому довелося прикинутися божевільним. Як би ви себе почували на його місці? Давид ніколи не сумував, а лише радів. Він відкрито заявив про свою віру в Бога у прекрасному псалмі.

*«ГОСПОДЬ то мій Пастир, тому в недостатку не буду,
на пасовиськах зелених оселить мене,
на тихую воду мене запровадить!
Він душу мою відживляє,
провадить мене ради Ймення Свого
по стежках справедливости.
Коли я піду хоча б навіть
долиною смертної темряви,
то не буду боятися злого, бо Ти при мені,
Твоє жезло й Твій посох вони мене втішать!
Ти передо мною трапезу зготовив
при моїх ворогах,
мою голову Ти намастив був оливою,
моя чаша то надмір пиття!
Тільки добро й милосердя мене супроводити будуть
по всі дні мого життя,
а я пробуватиму в домі ГОСПОДНЬОМУ довгі часи!»*
(Псалом 22:1-6).

Дійсність була схожа на шлях, вкритий колючками, але Давид мав у собі дещо велике. То була палаюча любов до Бога і незмінна віра у Нього. Ніщо не могло забрати радість, що походила з глибини його серця. Давид звичайно був людиною, яка принесла плід радості.

За сорок один рік відколи я прийняв Господа, я ніколи не втрачав радості своєї першої любові. Кожен день я відчуваю вдячність Йому. Протягом семи років я страждав від багатьох хвороб, але Божа сила зцілила мене, позбавивши від усіх тих хвороб в одну мить. Я негайно став християнином і почав працювати над створенням сайтів. Я мав можливість отримати кращу роботу, але обрав важку працю, тому що то був єдиний спосіб для мене святити День Господній.

Щоранку я прокидався о четвертій і брав участь у ранкових молитовних зборах. Потім, взявши з собою обід, йшов на роботу. До місця роботи я добирався півтори години. Мені доводилося працювати з ранку до вечора без відпочинку. То була дійсно важка праця. Я ніколи раніше не працював фізично, крім того, я багато років до того хворів. Тому мені було дуже важко.

З роботи я повертався близько десятої вечора. Швидко мився, вечеряв, читав Біблію, молився перед сном і засинав близько півночі. Моя дружина працювала комівояжером, щоби заробити на життя, але нам було важко виплачувати відсотки за борги, які накопичилися за час моєї хвороби. Ми буквально ледве зводили кінці з кінцями. Незважаючи на важкий фінансовий стан, моє серце завжди було сповнене радості, і я проповідував Євангеліє щоразу, коли виникала можливість.

Я говорив: «Бог живий! Погляньте на мене! Я чекав

смерті, але повністю одужав завдяки Божій силі і став здоровим!»

Дійсність була тяжкою як фізично, так і фінансово, але я завжди був вдячний за любов Бога, Котрий спас мене від смерті. Моє серце також було сповнене надії на небеса. Після того, як я почув оклик Бога стати пастором, я стерпів багато несправедливих труднощів, а також таке, що насправді людина винести не може, однак, моя радість і вдячність ніколи не слабшала.

Як то було можливо? Це тому що вдячність серця породжує ще більшу вдячність. Я завжди шукаю те, за що дякую, і молюся з подякою до Бога. Мені також подобається віддавати пожертвування подяки Богові. Крім пожертвувань, які я щоразу віддаю Богові на богослужінні, я старанно роблю подячні пожертвування за все інше. Я дякую за членів церкви, які зростають у вірі, за можливість прославляти Бога під час величезних кампаній, що проводяться за кордоном, за ріст церкви та інше. Мені подобається знаходити те, за що я можу дякувати Богові.

Тому Бог дав мені благословення і безмежну благодать, щоби я продовжував постійно дякувати Йому. Якби я дякував лише тоді, коли все було добре, і не дякував, а лише скаржився, коли все було погано, я не мав би такого щастя, яке маю тепер.

Якщо ви хочете приносити плід радості

По-перше, ви повинні позбутися тілесного.

Якщо ми не заздримо і не ревнуємо, ми радітимемо, коли хвалитимуть або благословлятимуть інших, ніби хвалять і благословляють нас самих. І навпаки, нам важко буде бачити, як інші люди стають заможними, так що ми будемо заздрити і ревнувати. У нас можуть з'явитися незатишні почуття щодо інших, або ми можемо втратити радість і засмутитися, відчувши себе гіршими у порівнянні з іншими людьми, які піднеслись.

Також якщо ми не гніваємось і не ображаємось, ми матимемо лише мир, навіть якщо з нами поводяться образливо, або завдають збитків. Ми ображаємось і розчаровуємось, тому що маємо у собі тілесне. Тілесне – це тягар, який змушує нас почуватися дуже навантаженими у серці. Якщо нам подобається шукати лише власної вигоди, ми почуватимемося дуже погано, нам буде неприємно і боляче, коли нам здаватиметься, що ми зазнаємо більших втрат, ніж інші.

Оскільки ми маємо ознаки тілесного у собі, ворог, сатана і диявол, збуджує ці тілесні якості, щоби створити ситуації, коли ми не можемо радіти. В залежності від того, скільки ми маємо тілесного, ми не можемо мати духовну віру, і ми хвилюємося ще більше, тому що нездатні довіряти Богові. Але люди, які покладаються на Бога, можуть радіти навіть якщо не мають їжі на сьогоднішній день. Це тому що Бог пообіцяв нам доти все необхідне, якщо ми сперша шукатимемо Його Царства і правди (Євангеліє від Матвія 6:31-33).

Люди, які мають істинну віру, віддадуть всі проблеми у руки Бога завдяки молитвам подяки під час труднощів. Вони шукатимуть Божого Царства і правди Його, маючи спокій у серці, а потім проситимуть необхідне. А люди, які не покладаються на Бога, але на власні думки і плани, будуть лише непокоїтись. Люди, які мають власний бізнес, можуть процвітати і отримувати благословення, якщо зможуть ясно почути голос Святого Духу і виконувати те, що він говорить. Але доки вони матимуть жадібність, нетерпіння і неправедні думки, вони не зможуть чути голос Святого Духу, і їх спіткатимуть труднощі. У підсумку можна сказати, що основною причиною втрати нами радості є ознаки тілесного, які ми маємо у своєму серці. Ми матимемо ще більше духовної радості і подяки, і все у нас буде добре в залежності від того, наскільки ми позбудемося тілесного зі свого серця.

По-друге, ми повинні в усьому виконувати бажання Святого Духу.

Радість, яку ми шукаємо, – це не земна радість, а радість, яка походить згори, а саме, радість Святого Духу. Ми можемо радіти і бути щасливими лише тоді, коли Святий Дух, який живе в нас, радіє. Насамперед, істинна радість приходить тоді, коли ми поклоняємося Богові всім серцем, коли молимося Богові, прославляємо Його і виконуємо Його слово.

Також якщо ми розуміємо свої провини завдяки надиханню Святого Духа і змінюємося, ми станемо дуже щасливими! Ми більше схильні бути щасливими і вдячними, коли знаходимо нових «себе», які відрізняються від тих, якими були раніше. Радість, яку ми отримали від Бога, неможливо порівняти з радістю цього світу, і ніхто не може у нас її відібрати.

Від нашого вибору залежить наше повсякденне життя, ми можемо виконувати бажання Святого Духу або бажання тіла. Якщо ми виконуємо бажання Святого Духу кожного разу, Святий Дух радіє в нас і наповнює нас радістю. У 3 Посланні Івана 1:4 написано: *«Я не маю більшої радости від цієї, щоб чути, що діти мої живуть у правді»*. Як написано, Бог радіє і дає нам радість у повноті Святого Духу, коли ми застосовуємо істину на практиці.

Наприклад, якщо наше бажання шукати власної вигоди і бажання шукати вигоди для інших стикаються, і якщо конфлікт продовжується, ми втратимо радість. Тоді якщо ми зрештою шукатимемо власної вигоди, здається, що ми можемо взяти те, що бажали, але ми не отримаємо духовної радості. Але скоріше ми матимемо муки сумління або страждання у серці. З іншого боку, якщо ми шукаємо вигоди для інших, може здатися, що ми зазнаємо збитків у даний момент, але ми отримаємо радість згори, тому що Святий Дух радіє. Лише ті люди, які дійсно відчули таку радість, зрозуміють, наскільки це добре. Це така радість, яку ніхто у світі не може дати або зрозуміти.

Розповім історію про двох братів. Поївши, старший ніколи не прибирав свої тарілки. Тому молодшому завжди доводилося прибирати зі столу після обіду, і він почував себе незатишно. Одного дня, після того, як старший брат поїв і вже збирався йти, молодший сказав: «Ти повинен помити свій посуд». «Це можеш зробити ти», – не вагаючись відповів старший брат і пішов до своєї кімнати. Молодшому це не сподобалося, але старший брат вже пішов.

Молодший брат знає, що старший брат не звик мити свої тарілки. Тому молодший може служити старшому з радістю, самостійно миючи всі тарілки. Тож ви можете подумати, що молодшому доведеться завжди мити посуд, а старший навіть не намагатиметься виступити посередником у проблемі. Але якщо ми чинитимемо добро, Бог змінить все. Бог змінить серце старшого брата так, що він почне думати: «Мені шкода, що мій молодший брат був змушений постійно мити посуд. Відтепер я буду мити посуд за нас обох».

Як видно із прикладу, якщо ми виконуватимемо бажання тіла лише задля миттєвої вигоди, ми завжди відчуватимемо незручність і сваритимемось. Але ми будемо радіти, якщо служитимемо іншим від щирого серця, виконуючи бажання Святого Духу.

Такий самий принцип застосовується у всіх інших випадках. Якщо ви засудили інших, покладаючись на власні стандарти, але якщо ви змінилися і зрозуміли інших людей, ви матимете мир. А якщо ви зустрінете людину, яка надто відрізняється від вас, або чиї думки надто відрізняються від ваших думок? Чи намагатиметесь ви уникати зустрічі з такою людиною? Або ви тепло привітаєте її з посмішкою? З точки зору невіруючих було би зручніше просто уникати або ігнорувати людей, яких вони не люблять, а не намагатися гарно ставитися до них.

Але люди, які виконують бажання Святого Духу, посміхатимуться до таких людей, маючи серце служителя.

Коли ми вбиваємо себе щодня, прагнучи заспокоїти інших (1 Послання до коринтян 15:31), ми відчуємо справжній мир і радість, які походять згори. Крім того, ми зможемо насолоджуватися миром і радістю весь час, якщо ми не матимемо відчуття неприязні до когось, або якщо хтось особисто нам не підходить.

Припустимо, вам подзвонив лідер церкви і запросив відвідати разом іншого члена церкви, якого не було на недільному богослужінні. Або, припустимо, вас попросили проповідувати Євангеліє якійсь людині у ваш вихідний день, який трапляється дуже рідко. З однієї сторони, вам хочеться відпочити, а з іншої ви бажаєте виконувати Божу справу. Ви добровільно можете обрати будь-який шлях. Але якщо ви зможете виспатися і задовольните своє тіло, це не обов'язково принесе вам радість.

Ви зможете відчути повноту Святого Духу і радість, коли віддаватимете свій час і особисті речі, виконуючи служіння Бога. Коли ви знову і знову виконуватимете бажання Святого Духу, ви матимете не лише більше духовної радості, але також ваше серце перетвориться на серце істини. Так само ви принесете зрілий плід радості, і ваше обличчя сяятиме духовним світлом.

По-третє, ми повинні старанно сіяти зерна радості і подяки.

Щоби фермер міг зібрати врожай, йому необхідно посіяти зерна і доглядати за ними. Так само, щоби принести плід радості, ми повинні ретельно розглянути умови подяки і принести Богові жертву подяки. Якщо ми – Божі діти, які мають віру, ми маємо багато причин для радості!

По-перше, ми маємо радість спасіння, яку ми не зможемо поміняти ні на що. Також наш Батько – добрий Бог. Він захищає Своїх дітей, які живуть в істині, і дає їм все, про що вони просять. Тож ми неймовірно щасливі! Якщо ми просто святитимемо День Господній і віддаватимемо десятину, нас не спіткатимуть нещастя або нещасливі випадки протягом цілого року. Якщо ми не чинимо гріхів, виконуємо Божі заповіді і вірно працюємо для Його Царства, ми завжди будемо отримувати благословення.

Навіть якщо нас спіткатимуть деякі труднощі, вирішення всіх проблем можна знайти у шістдесяти-шести книжках Біблії. Якщо труднощі були спричинені нашими неправильними діями, ми можемо покаятися і відвернутися від того шляху, щоби Бог змилувався над нами і дав нам відповідь, щоби наша проблема вирішилася. Якщо наше серце не засуджує нас, ми можемо лише радіти і дякувати. Тоді Бог вирішить все на добро і дасть нам більше благословень.

Ми не повинні вважати за звичайну річ Божу благодать, яку Він дав нам. Ми повинні радіти і дякувати Йому весь час. Коли ми шукаємо умови для подяки і радості, Бог дає нам більше умов для подяки. У відповідь наша радість збільшиться, і зрештою ми принесемо абсолютний плід радості.

Навіть принісши плід радості, ми сумуємо

Незважаючи на те, що ми приносимо плід радості у своєму

серці, інколи ми засмучуємося. Це духовний сум, який відбувається в істині.

По-перше, це сум покаяння. Якщо існують випробування і труднощі, причиною яких стали наші гріхи, ми не можемо просто радіти і дякувати, щоби вирішити проблему. Якщо людина може радіти навіть вчинивши гріх, така радість – земна і не має нічого спільного з Богом. У такому випадку ми повинні покаятися зі сльозами і відвернутися від того шляху. Ми повинні повністю покаятися, думаючи таким чином: «Як я міг вчинити такий гріх, маючи віру в Бога? Як я міг відмовитися від благодаті Господа?» Тоді Бог прийме наше покаяння і як доказ того, що бар'єр гріха було зруйновано, Він дасть нам радість. Ми відчуємо таку легкість і задоволення, ніби літаємо у небі. До нас згори зійдуть нова радість і подяка.

Але сум каяття звичайно відрізняється від сліз горя, які проливаються через біль, спричинений нестатками і злиднями. Навіть якщо ви молитеся, проливаючи багато сліз, і навіть коли у вас тече з носа, це лише тілесний сум, оскільки ви плачете від образи за ситуацію, що склалася. Також якщо ви лише намагаєтеся уникнути проблеми, боючись покарання, і не відвернулися повністю від своїх гріхів, ви не можете отримати істинну радість. Ви не відчуєте, що отримали прощення. Якщо ваш плач – справжній плач каяття, ви повинні позбутися своєї готовності чинити гріхи і принести належний плід каяття. Лише тоді ви знову отримаєте духовну радість згори.

Ви можете плакати, коли ганьблять Бога, або коли люди

прямують шляхом смерті. Ви можете мати такий сум в істині. Якщо ви маєте такий сум, ви щиро молитиметесь про Боже Царство. Ви проситимете святості і сили, щоби спасти більше душ і поширити Боже Царство. Тому такий плач подобається Богові і приємний Йому. Якщо ви маєте такий духовний сум, радість, яка живе глибоко у вашому серці, не залишить вас. Ви не втратите сили через свою похмурість і смуток, але будете дякувати і радіти.

Кілька років тому Бог показав мені небесну оселю жінки, яка зі сльозами молиться про Боже Царство і про церкву. Її оселя була прикрашена золотом і дорогоцінними каменями, також там були великі яскраві перлини. Як устриця робить перлину, докладаючи всю свою енергію і сік, жінка плакала під час своїх молитов, щоби бути схожою на Господа. Вона плакала, молячись про Боже Царство і про людей. Бог віддячує їй за всі молитви, сповнені сліз. Отже ми повинні завжди радіти, віруючи в Бога. Ми також повинні тужити за Божим Царством і душами людей.

Будьте впевненими і в усьому тримайтеся добра

Коли Бог створив першого чоловіка, Адама, Він дав радість для серця Адама. Але радість, яку тоді мав Адам, відрізняється від радості, яку ми отримаємо після процесу зрощення на цій землі.

Адам був живою істотою або живим духом, що означає, що він не мав жодних тілесних ознак, отже, він не мав жодної складової, протилежної до радості. Тобто, він не мав жодного уявлення про теорію відносності, щоби зрозуміти ціну радості. Лише люди, які страждали від хвороб, можуть зрозуміти, яким дорогоцінним є здоров'я. Лише люди, які зазнали бідності, розуміють справжню цінність заможного життя.

Адам ніколи не відчував болю, він не розумів, яким щасливим було його життя. Незважаючи на те, що він насолоджувався вічним життям і багатством еденського раю, він не міг насправді радіти від щирого серця. Але після того, як він їв з дерева знання добра і зла, в його серце увійшло тілесне, і він втратив радість, яку дав йому Бог. Коли Адам відчув багато болю цього світу, його серце сповнилося смутку, самотності, обурення, важких почуттів і тривог.

Ми відчули всі види болю на цій землі і тепер ми повинні повернути собі духовну радість, яку втратив Адам. Для цього ми повинні позбутися тілесного, весь час виконувати бажання Святого Духу і сіяти зерна радості і подяки в усьому. Якщо ми додамо позитивне ставлення і чинитимемо добро, ми зможемо у повній мірі принести плід радості.

Цю радість ми отримали після того, як відчули відносний взаємозв'язок багатьох речей на цій землі, на відміну від Адама, котрий жив в еденському раї. Отже, радість походить з глибини нашого серця і ніколи не змінюється. Справжнє щастя, яке ми матимемо на небесах, вже зросло в нас на цій землі. Як ми збираємося висловлювати свою майбутню радість, коли закінчимо своє земне життя і потрапимо до Небесного Царства?

В Євангелії від Луки 17:21 написано: «*...і не скажуть: Ось тут, або: Там. Бо Боже Царство всередині вас!*» Сподіваюся, що ви швидко принесете плід радості у своєму серці, щоби ви змогли відчути смак небес на землі, щоби ваше життя завжди було сповнене щастям.

Послання до євреїв 12:14

«Пильнуйте про мир зо всіма, і про святість,

без якої ніхто не побачить Господа».

Закону нема на таких!

Розділ 4

Мир

Плід миру
Щоби приносити плід миру
Добрі слова важливі
Думайте розсудливо, ставлячи себе на місце іншої людини
Справжній мир у серці
Благословення для миротворців

Мир

Крихти солі невидимі, але коли вони кристалізуються, вони стають прекрасними кубічними кристалами. Невелика кількість солі розчиняється у воді, повністю змінюючи її структуру. Ця приправа безумовно необхідна під час приготування їжі. Мікроелементи, які є в солі, навіть у дуже малій кількості відіграють важливу роль для підтримки життєдіяльності організму.

Саме як сіль розчиняється щоби приправити їжу а також щоби запобігти псуванню, Бог бажає, щоби ми принесли себе у жертву для повчання і очищення інших і для принесення прекрасного плоду миру. Давайте поглянемо на плід миру, який існує посеред плодів Святого Духу.

Плід миру

Навіть якщо люди вірять в Бога, вони, маючи своє «его», не можуть зберігати мир з іншими людьми. Якщо вони вважають, що їхні ідеї вірні, вони мають тенденцію ігнорувати думки інших людей і діють непристойно. Незважаючи на те, що всі дійшли згоди завдяки більшості голосів у групі, вони продовжують скаржитися на прийняте рішення. Вони також звертають більшу увагу на недоліки людей, а не на їхні добрі якості. Вони також можуть погано говорити про інших і розповсюджувати це, таким чином примушуючи людей відвернутися один від одного.

Перебуваючи поряд з такими людьми, ми відчуваємо ніби сидимо на ліжку з колючок і не почуваємося спокійно. Там, де є люди, які порушують спокій, – завжди виникають проблеми, горе і випробування. Якщо мир порушився в країні, в сім'ї, на роботі, у церкві або в будь-якій групі людей, коридор для благословень буде блокований, виникне багато труднощів.

Під час вистави герой або героїня, звичайно, важливі, але також важливими є інші ролі і робота колективу театру. Те саме стосується всіх організацій. Незважаючи на те, що це може здатися банальним, коли кожна людина належним чином виконує свою роботу, завдання може бути повністю виконаним, і пізніше такій людині довірять більші ролі. Також людина не повинна бути гордовитою лише тому, що робота, яку вона виконує, важлива. Коли робітник допомагає іншим зростати, всі справи можуть бути виконані мирно.

У Посланні до римлян 12:18 написано: *«Коли можливо, якщо це залежить від вас, живіть у мирі зо всіма людьми!»* А у Посланні до євреїв 12:14 написано: *«Пильнуйте про мир зо всіма, і про святість, без якої ніхто не побачить Господа»*.

Тут «мир» означає можливість дослухатися до думок інших людей незважаючи на правильність своїх власних поглядів. Це означає заспокоювати інших людей. Це благородне серце, маючи яке ми матимемо мир в усьому, якщо це перебуває у межах істини. Це означає триматися вигоди інших без будь-якого фаворитизму. Це означає намагатися не мати жодних клопотів або конфлікту з іншими, утримуючись при цьому від вираження протилежної особистої думки і не зважаючи на недоліки інших людей.

Божі діти повинні не лише підтримувати мир між чоловіками і дружинами, батьками і дітьми, братами і сусідами, вони також повинні мати мир з усіма людьми. Вони повинні мати мир не лише з тими, кого вони люблять, але й з тими, хто їх ненавидить і завдає шкоди. Особливо важливо підтримувати мир у церкві. Бог не може діяти, коли спокій порушено. Таким чином сатана отримує шанс звинуватити нас. Також, навіть якщо ми важко працюємо і досягаємо великих цілей у служінні Богові, нас не хвалитимуть, якщо порушено мир.

У Книзі Буття 26 Ісак підтримував мир з усіма навіть у ситуації, коли інші люди заперечували йому. Це було коли Ісак, намагаючись уникнути голоду, пішов у місце, де жили филистимляни. Він отримав благословення від Бога, і кількість його отар і табунів збільшилася, і він мав велике господарство. Филистимляни заздрили Ісаку і закопали його криниці, закидавши їх землею.

У тій землі не було достатньо дощу, а влітку його зовсім не було. Криниці були їхнім порятунком. Проте Ісак не сварився і не воював з тими людьми. Він просто пішов з тієї землі і викопав іншу криницю. Кожного разу, коли Ісак знаходив криницю після великих злиднів, приходили филистимляни і наполягали на тому, що та криниця належить їм. Незважаючи на це Ісак ніколи не протестував, а лише віддавав криниці на розграбовування. Він переходив на інше місце і копав іншу криницю.

Так повторювалось багато разів, але Ісак завжди добре ставився до тих людей, і Бог благословив його криницями всюди, куди б він не пішов. Бачачи це, филистимляни зрозуміли, що з Ісаком був Бог, і більше не турбували його. Якби Ісак сварився або воював з ними через те, що до нього ставилися несправедливо, він би став їхнім ворогом і був би змушений залишити місце. І хоча він міг висловитися за себе відверто і справедливо, це би не спрацювало, оскільки филистимляни шукали приводу для ворожнечі, маючи злі наміри. Тому Ісак ставився до них по-доброму і приносив плід миру.

Якщо ми приносимо плід миру таким чином, Бог управлятиме всіма обставинами, щоби нам в усьому велося добре. Тож як ми можемо приносити такий плід миру?

Щоби приносити плід миру

По-перше, ми повинні мати мир з Богом.

Найважливішим у підтриманні миру з Богом є те, що ми не повинні мати жодної стіни гріха. Адам змушений був заховатися від Бога, оскільки він порушив Боже Слово і їв заборонений плід (Книга Буття 3:8). Колись Адам мав тісний зв'язок з Богом, але тепер присутність Бога викликала в ньому почуття страху і віддаленості. Так сталося тому, що мир з Богом було порушено внаслідок гріха Адама.

Те саме стосується нас. Коли ми діємо в істині, ми можемо мати мир з Богом і довіряти Йому. Звичайно, щоби мати повний і бездоганний мир, ми повинні позбутися всіх гріхів і зла зі свого серця і стати освяченими людьми. Але незважаючи на те, що ми все-таки не ідеальні, якщо ми старанно здійснюватимемо істину на практиці у межах міри своєї віри, ми можемо мати мир з Богом. Ми не можемо мати ідеальний мир з Богом одразу від початку. Але ми можемо мати мир з Богом, якщо намагатимемось підтримувати мир з Ним у межах міри своєї віри.

Навіть коли ми намагаємося мати мир з людьми, ми повинні перш за все намагатися мати мир з Богом. Незважаючи на те, що ми повинні зберігати мир зі своїми батьками, дітьми, чоловіками або жінками, друзями і співробітниками, ми ніколи не повинні нічого робити такого, що суперечить істині. Тобто ми не повинні порушувати мир з Богом, щоби утримати мир з людьми.

Наприклад, що буде, якщо ми поклонятимемося ідолам або порушуватимемо День Господній, щоби мати мир зі своїми невіруючими родичами? Здається, що у даний момент ми маємо мир, але насправді ми порушили мир з Богом, створивши стіну гріха між собою і Богом. Ми не можемо грішити для того, щоби мати мир з людьми. Також якщо ми порушуємо Божий День, щоби потрапити на весілля своїх родичів або друга, ви порушуєте мир з Богом. Але зрештою ми не можемо мати істинний мир також з тими людьми.

Щоби мати справжній мир з людьми, ми спершу повинні догоджати Богові. Тоді Бог прогонить ворога, сатану і диявола, і змінить думки лихих людей, так що ми зможемо мати мир з усіма. У Книзі Приповістей 16:7 написано: *«Як дороги людини Господь уподобає, то й її ворогів Він замирює з нею».*

Звичайно, інша людина може продовжувати порушувати мир з нами незважаючи на те, що ми намагатимемося все чинити відповідно до істини. У такому випадку, якщо ми завжди реагуватимемо в істині, Бог зрештою все оберне на добро. Так було з Давидом і царем Саулом. Через свої ревнощі цар Саул намагався вбити Давида, але Давид ставився до царя з добром до кінця. Давид мав безліч шансів вбити Саула, але він захотів чинити мир з Богом, виконуючи милосердя. Зрештою, Бог дозволив Давиду сісти на троні, щоби відплатити за його добрі справи.

По-друге, ми повинні мати мир із самим собою.
Щоби мати мир з усіма, ми повинні позбутися всіх форм зла і освятитися. Доки ми триматимемо зло у своєму серці, наше зло буде збуджуватися внаслідок різноманітних ситуацій, і таким чином мир буде порушено. Ми можемо подумати, що маємо мир, коли наші справи ідуть добре, як ми і думали, але мир порушується, коли наші справи йдуть недобре і вони впливають на зло, яке ми маємо у серці. Коли ненависть або злість закипають у нашому серці, ми почуваємося дуже незатишно! Але ми можемо мати мир у серці незалежно від обставин, якщо у майбутньому будемо обирати істину.

Однак деякі люди не мають справжнього миру у своєму серці, хоча вони намагаються застосовувати істину на практиці, щоби мати мир з Богом. Це тому що вони мають самовдоволення і особисті рамки.

Наприклад, деякі люди не мають миру у розумі, тому що вони надто зв'язані Божим Словом. Саме як Яків, котрий мав пройти через випробування, вони старанно моляться і намагаються жити за Божим Словом, але вони роблять це не від любові до Бога. Вони живуть за Божим Словом через страх покарання і страх Божої кари. І якщо випадково за якихось обставин вони порушать істину, вони надто нервуватимуть, боячись отримати негативні наслідки.

У такому випадку їхнє серце буде занепокоєним, навіть якщо вони старанно застосовуватимуть істину на практиці.

Тому їхній духовний ріст зупиняється або вони втрачають радість. Зрештою, всі вони страждають через власне самовдоволення і межі власних думок. У такому випадку замість того, щоби бути одержимими виконання закону, вони повинні спробувати зростити любов до Бога. Людина може насолоджуватися справжнім миром і любов'ю, якщо любить Бога всім серцем і розуміє Божу любов.

Наведу ще один приклад. Деякі люди не мають миру з самими собою через негативне мислення. Вони намагаються застосовувати істину на практиці, але визнають себе винними і змушують своє серце боліти, якщо не отримають бажаного результату. Вони вибачаються перед Богом і занепадають духом, думаючи, що їм багато чого бракує. Вони втрачають мир, думаючи так: «А якщо я розчарував людей, які оточують мене? Що буде, якщо вони залишать мене?»

Такі люди повинні стати духовними дітьми. Міркування таких дітей, які вірять у любов своїх батьків, досить просте. Навіть якщо вони роблять помилки, вони не ховаються від своїх батьків, а падають їм на груди, обіцяючи виправитись. Якщо вони просять пробачення, з любов'ю і довірою на обличчі говорять, що виправляться, ймовірно, це змусить батьків посміхнутися, незважаючи на те, що вони намагалися посварити своїх дітей.

Звичайно, це не означає, що ви повинні лише говорити, що ви будете виправлятися, але продовжуватимете робити ту саме помилку. Якщо ви дійсно бажаєте відвернутися від гріхів і виправитися, то невже Бог відверне від вас Своє обличчя? Люди, які дійсно покаялися, не занепадають духом і не розхолоджуються через інших людей. Звичайно, вони, можливо, повинні отримати покарання, або бути поставлені у нижче положення на деякий час відповідно до справедливості. Однак, якщо вони дійсно впевнені у любові Бога до них, вони з готовністю приймуть покарання від Бога і не зважатимуть на думки і коментарі інших людей.

Навпаки, Богові подобається, коли вони продовжують сумніватися, думаючи, що не отримали спасіння від своїх гріхів. Якщо ви дійсно покаялися і відвернулися від минулого, ви догоджаєте Богові, віруючи у своє прощення. Навіть якщо виникають труднощі, спричинені гріхами людей, вони обернуться на благословення, якщо люди приймуть їх з радістю і подякою.

Отже ми повинні вірити у те, що Бог любить нас, незважаючи на нашу недосконалість, і Він зробить нас досконалими, якщо ми будемо продовжувати намагатися змінитися. Також, якщо ми хмуримося під час випробувань, ми повинні довіряти Богові, Котрий зрештою піднесе нас. Ми не повинні відчувати неспокій у своєму бажанні бути визнаними людьми. Якщо ми продовжуватимемо запасати щире серце і справи, ми можемо мати мир із самими собою, а також духовну упевненість.

По-третє, ми повинні мати мир з усіма.

Щоби встановити мир з усіма людьми, ми повинні бути здатними принести себе у жертву. Ми повинні це робити для інших, навіть якщо доведеться віддати своє життя. Павло сказав: «Я щодень умираю». Так само, ми не повинні наполягати на своєму, на своїй точці зору або на своєму переважному праві, щоби мати мир з усіма.

Щоби мати мир, ми не повинні діяти непристойно або намагатися хизуватися і виставляти себе напоказ. Ми повинні упокорювати себе від щирого серця і підносити інших людей. Ми не повинні бути упередженими і у той же час ми повинні мати змогу приймати різні думки інших людей, але в межах істини. Ми повинні думати у межах своєї власної віри, але з точки зору інших людей. Незважаючи на те, що наша думка вірна, або навіть краща, ми все-таки повинні підтримувати погляди інших людей.

Однак, це не означає, що ми повинні просто дозволити їм бути і прямувати своїм шляхом незважаючи на те, що інші люди прямують шляхом смерті, вчиняючи гріхи. Ми також не повинні йти на компроміс з ними або разом з ними чинити неправду. Ми повинні інколи давати таким людям поради або переконувати їх з любов'ю. Ми можемо отримати великі благословення, коли переслідуємо мир у межах істини.

Крім того, щоби мати мир з усіма, ми не повинні наполягати на власній праведності і власних рамках. «Рамки» – це те, що людина вважає правильним з точки зору своєї особистості, відчуття правильності і переваги. «Власна праведність» тут – це намагання тиснути на точку зору інших людей, їхні вірування, думки, які людина вважає кращими. Власна праведність і рамки проявляють у нашому житті у різних формах.

А якщо людина порушує правила компанії, щоби виправдати свої дії, вважаючи ті правила поганими? Можливо, така людина вважає, що чинить порядно, але очевидно, начальник або співробітники думають інакше.

Також, якщо ми дотримуємося поглядів інших людей, це відповідає істині, якщо лише вони не є неправдою.

Кожна людина має свою особистість, тому що всі виховувалися у різному середовищі. Кожен з нас отримав різну освіту і має відмінну від інших міру віри. Тому кожна людина має свої норми щодо правди і неправди, хорошого і поганого. Одна людина може вважати щось правильним, а інша – неправильним.

Давайте поговоримо, наприклад, про стосунки чоловіка і дружини. Чоловік бажає, щоби вдома завжди було охайно, а дружина не робить цього. Чоловік спочатку переносить це з любов'ю і прибирає сам. Але оскільки ситуація продовжується, він розчаровується. Він починає думати, що його дружину погано виховали. Він дивується, чому вона не може робити щось просте і належне. Він не розуміє, чому її звички не змінюються протягом років, незважаючи на його часті поради.

Але з іншої сторони, дружина також має що сказати. Її розчарування власним чоловіком зростає, вона думає так: «Я існую не лише для того, щоби прибирати в хаті і виконувати хатню роботу. Інколи, коли я не можу прибрати, мій чоловік сам повинен це зробити. Чому він так часто скаржиться на це? Здається, він бажав робити все для мене раніше, але тепер він скаржиться через такі банальні питання. Він навіть сумнівається у маєму вихованні!» Якщо і чоловік, і дружина наполягатимуть на своїх власних поглядах і бажаннях, вони не матимуть миру. Мир може встановитися лише тоді, коли вони зважатимуть на точку зору інших людей і служитимуть один одному, а не коли вони матимуть лише власні точки зору.

Ісус говорив нам, що коли ми віддаємо свої жертвоприношення Богові, якщо ми тримаємо щось на брата свого, ми повинні спершу примиритися з ним, а вже потім приносити дара свого (Євангеліє від Матвія 5:23-24). Наші жертви прийме Бог лише коли ми налагодимо мирні стосунки з тим братом, а тоді принесемо свій дар.

Люди, які мають мир з Богом і з самими собою, не сваритимуться з іншими людьми. Вони не будуть сперечатися ні з ким, тому що вони вже до цього позбулися пожадливості, зарозумілості, гордовитості, самовпевненості і власних рамок. Навіть коли інші люди лихі і змушують вас хвилюватись, ці люди пожертвують собою, щоби зрештою прийти до згоди.

Добрі слова важливі

Існує пару речей, на які ми маємо зважати, коли намагаємося досягти миру. Щоби зберегти мир, дуже важливо говорити лише добрі слова. У Книзі Приповістей 16:24 написано: *«Приємні слова – щільниковий то мед, солодкий душі й лік на кості»*. Добрі слова дають силу і сміливість тим, у кого немає впевненості. Вони можуть стати гарними ліками, щоби оживити душі, які помирають.

І навпаки, лихі слова порушують мир. Коли Рехав'ам, син царя Соломона, зійшов на трон, люди десяти колін попросили царя зменшити їхню важку працю. Цар відповів: *«Мій батько вчинив був тяжким ваше ярмо, а я додам до нього! Батько мій карав вас бичами, а я – скорпіонами»* (2 Книга Хронік 10:14). Через такі слова, цар віддалився від свого народу, що зрештою завершилося розколом країни на дві частини.

Язик – дуже невеликий орган людини, але має страшну силу. Це ніби невеликий спалах, який може перетворитися на велике полум'я і спричинити величезні збитки, якщо буде неконтрольований. Тому у Посланні Якова 3:6 написано: *«Язик – то огонь. Як світ неправоти, поставлений так поміж нашими членами, язик сквернить усе тіло, запалює круг життя, і сам запалюється від геєнни»*. Також у Книзі Приповістей 18:21 написано: *«Смерть та життя у владі язика, хто ж кохає його, його плід поїдає»*.

Зокрема, якщо ми промовляємо слова обурення або скарги через розбіжності у поглядах, вони містять у собі погані почуття, а тому ворог, сатана і диявол, на основі цих слів звинувачує нас. Також накопичення скарг, обурення, прояв таких почуттів зовні у словах і діях надто відрізняються. Тримати у кишені флакон із чорнилами – це одне, а відкрити кришку і вилити їх – це зовсім інше. Якщо ви виллєте чорнила, ви забрудните людей, що знаходяться поруч з вами, а також самих себе.

Так само, коли ви виконуєте Божу роботу, ви можете скаржитися лише тому, що деякі речі не узгоджуються з вашими думками. Тоді деякі інші люди, які погоджуються з вашими думками, говоритимуть так само, як ви. Якщо кількість зросте до двох або трьох, це перетвориться на синагогу сатани. У церкві відбудеться розкол, і вона перестане рости. Тому ми завжди повинні дивитися, слухати і говорити лише добре (Послання до ефесян 4:29). Ми навіть не повинні слухати слова неправди або негарні слова.

Думайте розсудливо, ставлячи себе на місце іншої людини

По-друге, ми повинні поговорити про те, коли ви не маєте жодних важких почуттів щодо іншої людини, яка порушує мир. Тут ви маєте подумати про те, чи насправді у тому є провина іншої людини. Інколи ви, самі того не розуміючи, стаєте причиною порушення миру іншими людьми.

Ви можете образити почуття інших людей через власну необачність, нерозсудливі слова або поведінку. У такому випадку, якщо ви продовжуватимете думати, що ви не маєте жодних поганих почуттів щодо іншої людини, ви не зможете мати мир з тією людиною, а також не зможете прийти до розвитку своїх здібностей, які дадуть вам змогу змінитися. Ви повинні мати змогу перевірити, чи насправді ви миротворець з точки зору іншої людини.

Начальник, маючи власну точку зору, може подумати, що підтримує мир, але його робітники при цьому переживатимуть труднощі. Вони не можуть відкрито висловити свої почуття щодо свого начальства. Вони змушені миритися з цим і ображатися.

Розповім відомий епізод про прем'єр-міністра Гван Гі з династії Чосон. Він побачив фермера, котрий орав свою землю за допомогою двох биків. Міністр запитав фермера голосно: «Котрий з двох биків працює більше?» Раптом фермер взяв міністра за руки і відвів його подалі. Потім прошепотів, нахилившись близько до вуха: «Чорний інколи буває ледачий, а жовтий працює більше». «Чому ти відвів мене подалі і шепочеш про биків?» – посміхаючись запитав Гван Гі. Фермер відповів: «Навіть тварини не люблять, коли про них говорять погано». Кажуть, що тоді Гван Гі зрозумів свою необачність.

Якби двоє биків зрозуміли, що сказав фермер? Жовтий бик став би гордим, а чорний почав би заздрити, і тоді почалися би проблеми для жовтого бика, або у нього відбилася би охота працювати, і він став би працювати менше, ніж раніше.

З цієї історії ми можемо зробити висновок, що необхідно думати навіть про тварин. Ми повинні бути обережними, щоби наші слова або дії не підкреслювали наш фаворитизм. Там, де є фаворитизм, існують заздрощі і гордовитість. Наприклад, якщо ви вихваляєте одну особу перед багатьма іншими людьми, або якщо ви робите зауваження одній людині у присутності інших, тоді ви покладаєте основу для виникнення розбіжностей. Ви повинні бути обережними і мудрими, щоби не спричиняти такі проблеми.

Також є люди, які страждають через фаворитизм і дискримінацію з боку своїх начальників, однак коли вони самі стають начальниками, вони виявляють упередженість щодо певних осіб і проявляють фаворитизм до інших. Але ми розуміємо, що якщо ви зазнали такої несправедливості, ви повинні бути обережними у словах і поведінці, щоби не порушити мир.

Справжній мир у серці

Досягаючи миру, ви також повинні думати про те, що

необхідно досягти справжнього миру у серці. Навіть люди, які не мають миру з Богом або із самими собою, можуть мати мир з іншими людьми у якійсь мірі. Багато віруючих завжди чують, що не повинні порушувати мир, повинні контролювати свої погані почуття і не сваритися з іншими людьми, які мають інші думки. Але якщо не існує зовнішнього конфлікту, це не означає, що ці люди принесли плід миру. Плід Духу народжується не лише зовні, але у серці.

Наприклад, якщо інша людина не служить вам або не визнає вас, ви відчуваєте образу, але ви можете не показувати це зовні. Ви можете подумати: «Я повинен бути більш терплячим!» і намагатися служити тій людині. Але, припустимо, ситуація повториться знову.

Тоді ви образитеся ще більше. Ви не можете прямо висловити обурення, думаючи, що це лише зашкодить вашій гордості, але ви можете безпосередньо критикувати ту людину. У деякій мірі ви можете відчути, що терпите утиски. Інколи ви не розумієте інших, і це заважає мати мир з ними. Ви просто не відкриваєте рота, боячись, що виникне сварка, якщо ви будете сперечатися. Ви просто перестаєте розмовляти з тією людиною, починаєте зневажати її, думаючи: «Він поганий і такий настирний, що я не можу з ним говорити».

Таким чином, зовні ви не порушуєте мир, але також ви не маєте гарних почуттів щодо цієї людини. Ви не погоджуєтесь з поглядами цієї людини і можете навіть відчувати, що вам не хочеться бути поблизу неї. Ви можете навіть скаржитися на ту людину, обговорюючи з іншими її недоліки. Ви згадуєте свої неприємні почуття, говорячи: «Він насправді поганий. Як можуть інші його розуміти, а також розуміти те, що він зробив? Але, діючи з добром, я терпітиму його». Звичайно, краще не руйнувати мир, роблячи таким чином, аніж безпосередньо порушувати мир.

Але щоби мати справжній мир, ви повинні служити іншим людям від щирого серця. Ви не пвинні стримувати такі емоції, а також бажати отримувати у свою чергу. Ви повинні мати бажання служити і шукати вигоди для інших.

Ви не повинні зовні посміхатися, а внутрішньо засуджувати. Ви повинні розуміти інших, зважаючи на їхні погляди. Лише тоді може працювати Святий Дух. Поки люди шукають свого, вони зворушуються у серці і змінюються. Будь-яка людина має недоліки, тому кожна людина може вважатися винною. Зрештою всі можуть мати справжній мир і мати можливість поділитися своїм серцем.

Благословення для миротворців

Люди, які мають мир з Богом, із самими собою та з усіма оточуючими, мають владу відганяти темряву. Тож вони можуть досягти миру навколо себе. Як написано в Євангелії від Матвія 5:9: *«Блаженні миротворці, бо вони синами Божими стануть»*, вони мають владу дітей Бога, владу світла.

Наприклад, якщо ви – церковний лідер, ви можете допомагати віруючим приносити плід миру. А саме, ви можете передавати їм Слово істини, маючи владу і силу, щоби вони відійшли від гріхів і зламали своє самовдоволення і рамки. Коли створюються синагоги сатани, відчужуючи людей один від одного, ви можете зруйнувати їх силою свого слова. Таким чином, ви можете принести мир багатьом різним людям.

В Євангелії від Івана 12:24 написано: *«Поправді, поправді кажу вам: коли зерно пшеничне, як у землю впаде, не помре, то одне зостається; як умре ж, плід рясний принесе».* Ісус приніс Себе у жертву і загинув, наче зерно пшениці, принісши незліченні плоди. Він простив гріхи безлічі душ, які помирали, і дозволив їм примиритися з Богом. В результаті Сам Господь став Царем над царями і Паном над панами, отримавши велику шану і славу.

Ми можемо зібрати багатий врожай лише якщо пожертвуємо собою. Бог-Отець бажає, щоби Його улюблені діти вчинили жертву і «померли, як зерно пшеничне», щоби принести багатий врожай, як то зробив Ісус. В Євангелії від Івана 15:8 Ісус сказав: *«Отець Мій прославиться в тому, якщо рясно зародите й будете учні Мої».* Згідно цих слів, давайте виконувати бажання Святого Духа, щоби приносити плід миру, а також щоби приводити багато людей до шляху спасіння.

У Посланні до євреїв 12:14 написано: *«Пильнуйте про мир зо всіма, і про святість, без якої ніхто не побачить Господа».* Навіть якщо ви абсолютно праві, якщо інші люди мають некомфортні почуття через вас, а також якщо існують конфлікти, це є неправдою в очах Бога, і тому ви повинні спостерігати за собою. Тоді ви можете стати святою людиною, яка не має жодної форми зла, і яка може побачити Господа. Таким чином, я сподіваюся, що ви насолоджуватимесь духовною владою на цій землі, називаючись Божими синами, і отримаєте почесне місце на небесах, де ви весь час будете бачити Господа.

Послання Якова 1:4

«А терпеливість нехай має чин досконалий, щоб ви досконалі та бездоганні були, і недостачі ні в чому не мали».

Закону нема на таких!

Розділ 5

Довготерпіння

Довготерпіння, яке не має бути терплячим

Плід довготерпіння

Довготерпіння отців віри

Довготерпіння необхідне, щоби потрапити до Небесного Царства

Довготерпіння

Так часто здається, що щастя у нашому житті залежить від нашої здатності бути терплячими. Між батьками і дітьми, чоловіками і дружинами, рідними братами і сестрами, між друзями, відбуваються речі, про які люди будуть дуже шкодувати, бо їм бракує терпіння. Успіх і невдача у навчанні, роботі або бізнесі також може залежати від нашого терпіння. Терпіння – дуже важлива складова частина нашого життя.

Духовне довготерпіння і те, що земні люди вважають довготерпінням, безсумнівно різні. Люди у цьому світі зносять все з терпінням, але це тілесне терпіння. Якщо вони мають важкі почуття, вони сильно страждають, намагаючись стримувати їх. Вони стискають зуби або навіть перестають їсти. Зрештою це призводить до проблем нервової системи і до депресії. Однак, вони говорять, що люди, які можуть стримувати свої почуття, показують велике терпіння. Але це зовсім не духовне терпіння.

Довготерпіння, яке не має бути терплячим

Духовне довготерпіння означає бути терплячим не зі злом, але з добром. Якщо ви терплячі з добром, ви можете подолати труднощі з подякою і надією. Це розширить ваше серце. І навпаки, якщо ви довго терпите зі злом, ваші погані почуття накопичуватимуться і ваше серце надто огрубіє.

Припустимо, хтось вас безпричинно проклинає і змушує страждати. Ви можете відчути, що зачепили вашу гордість і навіть відчуєте себе жертвою, але ви також можете стримувати ці почуття, вважаючи, що ви повинні бути терплячими відповідно до Божого Слова. Але ваше обличчя червоніє, дихання пришвидшується, губи стискаються, коли ви намагаєтеся контролювати свої думки і емоції. Якщо ви стримуватимете емоції таким чином, вони можуть виникнути пізніше, якщо справи погіршаться. Таке терпіння не духовне.

Якщо ви маєте духовне терпіння, ваше серце не буде збуджуватися нічим. Навіть якщо вас несправедливо звинуватили у чомусь, ви просто намагаєтесь, щоби інші люди почувалися спокійно, думаючи, що, напевно, сталося якесь непорозуміння. Якщо ви маєте таке серце, вам не потрібно буде «терпіти» або «прощати» нікого. Дозвольте навести просту ілюстрацію.

Холодним зимнім вечором в одному домі довго не згасало світло. У немовля була гарячка, температура піднялася до 40 °C. Татко змочував свою теніску у холодній воді і тримав дитину на руках. Коли батько поклав на маля холодний рушник, воно здивувалось, йому це не сподобалося. Але на руках у батька дитина заспокоювалася, хоча відчувала холод батькової теніски.

Коли теніска нагрівалася від гарячого тіла дитини, батько знову змочував її у холодній воді. Батькові доводилося безліч разів змочувати теніску аж до ранку. Але, здавалося, він не відчував втоми. Він дивився на свою дитину, яка спала на його руках, очима, повними любові.

Незважаючи на те, що батько не спав всю ніч, він не скаржився на голод та втому. Він не мав часу подумати про себе. Вся його увага була сфокусована на дитині, на тому, як зробити так, щоби їй стало краще і затишніше. І коли дитині стало краще, батько не згадав про свою важку працю. Коли ми когось любимо, ми можемо несвідомо зносити нестатки і важку працю, і тому нам не треба бути терплячими до чогось. Це духовне значення «терпіння».

Плід довготерпіння

Ми можемо прочитати про довготерпіння у 13 главі 1 Послання до коринтян, «Главі любові», довготерпіння, яке необхідно для зрощення любові. Наприклад, написано, що любов не шукає тільки свого. Щоби відмовитися від того, що ми бажаємо, але спершу шукати вигоди для інших, відповідно до цього слова, ми опинимося у ситуаціях, які вимагають від нас терпіння. Терпіння у «Главі любові» – це терпіння задля зрощення любові.

Але терпіння, один із плодів Святого Духу, є терпінням в усьому. Таке терпіння стоїть на рівень вище, ніж терпіння у духовній любові. Коли ми намагаємося досягнути мети, ми стикаємося з деякими труднощами, для Божого Царства, або для особистого освячення. Сум і важка праця заберуть всю нашу енергію. Але ми можемо терпіти з вірою і любов'ю, бо маємо надію зібрати врожай. Таке терпіння є одним із плодів Святого Духу. Існує три аспекти такого терпіння.

Перший – терпіння, щоби змінити власне серце.
Чим більше зла ми маємо у серці, тим важче бути терплячим. Якщо ми маємо міру гніву, гордовитості, пожадливості, самовдоволення і власні рамки, ми матимемо характер і погані почуття, які можуть посилитися у звичайній

ситуації.

Був один член церкви, місячний дохід якого складав близько 15 000 доларів США, а одного місяця його дохід був значно меншим, ніж завжди. Тоді він невдоволено скаржився на Бога. Пізніше він зізнався, що не був вдячний Богові за багатство, яким він насолоджувався, тому що був пожадливим у своєму серці.

Ми повинні бути вдячними Богові за все, що Він дав нам, незважаючи на те, що ми не заробляємо надто багато грошей. Тоді пожадливість не зросте у нашому серці, і ми зможемо отримати благословення від Бога.

Але коли ми позбудемося зла і освятимося, нам стане легше бути терплячими. Ми можемо спокійно терпіти у будь-яких ситуаціях. Ми можемо зрозуміти і простити інших, не маючи необхідності стримуватись.

В Євангелії від Луки 8:15 написано: *«А те, що на добрій землі, це оті, хто як слово почує, береже його в щирому й доброму серці, і плід приносять вони в терпеливості»*. Тобто ті люди, які мають добрі серця, схожі на гарну землю, можуть бути терплячими, доки не принесуть гарні плоди.

Однак, нам все-таки необхідна витривалість, і ми повинні докласти зусиль, щоби змінити свої серця на добру землю. Святість неможливо досягнути автоматично лише за власним бажанням. Ми повинні скоритися істині, палко помолившись всім серцем і тримаючи піст. Ми повинні перестати любити те, що любили колись, а також повинні позбутися всього, у чому немає духовної користі. Ми не повинні зупинятися посередині або просто зупиняти свої намагання після двох спроб. Доки ми повністю не зберемо плодів освячення і не досягнемо своєї мети, ми повинні зробити все можливе, маючи самовладання і діючи відповідно до Божого Слова.

Найвіддаленіше призначення нашої віри – Небесне Царство, і особливо, найпрекрасніша оселя – Новий Єрусалим. Ми повинні старанно і терпляче продовжувати свій шлях доки не дійдемо до місця призначення.

Але інколи ми бачимо випадки, коли люди відчувають зниження швидкості освячення своїх сердець, після того, як вони жили старанним християнським життям.

Вони швидко позбуваються «діл тіла», тому що то гріхи, видимі зовні. Але оскільки «справи тіла» не видно зовні, швидкість позбавлення від них зменшується. Коли люди знаходять неправду у собі, вони багато моляться, щоби позбутися її, але через декілька днів просто забувають про це. Якщо ви повністю бажаєте позбутися полови, ви не просто будете зривати листки, але вирвете їхні корені. Такий саме принцип застосовується до гріховної природи. Ви повинні молитися і змінювати своє серце до кінця доки не вирвете корінь гріховної природи.

Коли я став віруючою людиною, я молився про те, щоби позбутися певних гріхів, тому що, читаючи Біблію, зрозумів, що Бог сильно ненавидить гріховні ознаки, такі як ненависть, вдача і зарозумілість. Рішуче дотримуючись своїх корисливих перспектив, я не міг видалити зі свого серця ненависть і погані почуття. Але у молитві Бог дав мені благодать зрозуміти інших, поставивши себе на їхнє місце. Всі мої погані почуття проти них розтанули, і моя ненависть зникла.

Я навчився бути терплячим, коли позбувся гніву. У ситуаціях, коли мене несправедливо обвинувачували, я рахував про себе: «Один, два, три, чотири...», стримувався і не промовляв слова, які хотілося сказати. Спочатку було важко стримувати темперамент, але оскільки я продовжував намагатися, мій гнів і роздратування поступово зникли. Зрештою, навіть у ситуації, яка надто провокувала на виплеск гніву, у моїй голові нічого поганого не з'являлося.

Минуло близько трьох років, поки я позбувся гордовитості. Коли я був початківцем у вірі, я навіть не знав, що таке гордовитість, але я молився, щоби позбутися її. Я продовжував перевіряти себе, коли молився. В результаті я зміг поважати і шанувати навіть таких людей, які здавалися нижчими за мене у багатьох аспектах. Пізніше я почав служити іншим колегам-пасторам, маючи таке ж ставлення, незважаючи на те, чи вони були лідерами, або нещодавно висвяченими у сан. Після терплячої молитви протягом трьох років я зрозумів, що позбувся ознак гордовитості. І з того часу мені більше не треба було молитися про свою гордовитість.

Якщо ви не викоріните гріховну природу, ця особлива ознака гріха виникне у екстремальній ситуації. Напевно, ви засмутитесь, коли зрозумієте, що маєте ознаки неправедного серця, якого на вашу думку ви позбавилися. Ви можете засмутитися: «Я дуже намагався позбутися цього, але все це залишилося у мені».

Ви можете знаходити форми неправди у собі доки не викоріните первинний корінь гріховної природи, але це не означає, що ви не матимете духовного прогресу. Коли ви чистите цибулю, ви маєте знімати шар за шаром. Але якщо ви продовжите чистити до кінця, зрештою цибуля зникне. Те саме відбувається з гріховною природою. Ви не повинні засмучуватися лише тому, що ще не повністю позбулися їх. Ви повинні мати терпіння до кінця і продовжувати свої намагання ще активніше, спостерігаючи за своїми змінами.

Деякі люди засмучуються, якщо не отримують матеріальні благословення одразу після того, як вони вчинили відповідно до Божого Слова. Вони вважають, що не отримують нічого у відповідь окрім втрати, якщо чинять справедливо. Деякі люди навіть скаржаться, що вони старанно ходять до церкви, але не отримують благословень. Звичайно, немає причин нарікати. Вони не отримують благословення від Бога, тому що досі чинять неправду і не позбулися того, чого наказує нам позбутися Бог.

Той факт, що вони скаржаться, підтверджує те, що фокус їхньої віри перебуває не в тому місці. Ви не втомлюєтесь, якщо дієте справедливо, в істині і з вірою. Чим більше ви дієте справедливо, тим радіснішими ви стаєте. Тож ви починаєте прагнути більше праведних речей. Коли таким чином ви стаєте освяченими вірою, тоді добре вестиметься вашій душі, все у вас буде добре, і ви будете здоровими.

Другий аспект – терпіння у спілкуванні з людьми.

Коли ви взаємодієте з людьми, які мають різну індивідуальність і освіту, можуть виникнути різні ситуації. Зокрема, церква – це місце, де збираються люди різного походження. Тому, починаючи з банальних питань і закінчуючи великими і серйозними питаннями, ви можете мати різні думки, а також може порушитися спокій.

Тоді люди можуть сказати: «Його спосіб мислення абсолютно відрізняється від мого. Мені важко працювати з ним, тому що ми – зовсім різні особистості». Але навіть у сім'ї, чи можуть бути чоловік і жінка, які абсолютно підходять одне одному? Їхні життєві звички і смаки різні, але вони повинні поступатися одне одному, щоби підійти одне одному.

Люди, які прагнуть освячення, будуть терплячими за будь-яких умов з будь-якою людиною, і зберігатимуть мир. Навіть у важких і незручних ситуаціях вони намагаються бути люб'язними з усіма людьми. Вони завжди розуміють інших, маючи добре серце, вони терплять, шукаючи вигоди для інших. Навіть коли інші люди чинять неправду, вони лише миряться з ними. Вони відплачують за зло лише добром, а не злом.

Ми також повинні бути терплячими, коли євангелізуємо або даємо поради людям, або коли виховуємо працівників церкви досягати Божого Царства. Під час служіння пастором, я бачу деяких людей, які змінюються дуже повільно. Коли вони ставляться по-дружньому до цього світу і ганьблять Бога, я проливаю багато сліз у скорботі, але я ніколи не залишу їх. Я завжди мирюся з ними, тому що маю надію, що колись вони зміняться.

Коли я виховую працівників церкви, я повинен проявляти довготерпіння. Я не можу просто наказувати всім підлеглим або змушувати їх робити те, що мені хочеться. Незважаючи на те, що я знаю, що все буде виконане трохи повільніше, я не можу забрати обов'язки у працівників церкви, сказавши: «Ви недостатньо здібний. Ви звільнені». Я терплю їх і скеровую, доки вони не стануть здібними. Я чекаю п'ять, десять або п'ятнадцять років, щоби дати їм можливість виконати свої обов'язки завдяки духовному тренуванню.

Не лише тоді, коли вони не приносять плоди, але також коли вони роблять щось неправильно, я терплю їх, щоби вони не спіткнулися. Можливо, було би краще, якби інша людина, яка вміє це робити, зробила за них все, або якби ту людину можна було замінити іншою, більш умілою. Але я терплю до кінця заради кожної душі. А також для того, щоби досягти Божого Царства повністю.

Якщо ви сієте зерна терпіння таким чином, ви неодмінно здобудете плід відповідно до Божої справедливості. Наприклад, якщо ви терпите деяких людей доки вони не зміняться, молитесь за них зі сльозами, ви матимете широке серце, щоби прихистити їх всіх. Тож ви матимете владу і силу воскресити багато душ. Ви отримаєте силу змінювати душі і прихищати їх у своєму серці завдяки молитві праведної людини. Також якщо ви контролюєте своє серце і сієте зерна терпіння, навіть перед лицем хибних обвинувачень, Бог дозволить вам зібрати плоди благословень.

Третій аспект – терпіння по відношенню до Бога.
Це стосується терпіння, яке ви повинні мати доки не отримаєте відповідь на свою молитву. В Євангелії від Марка 11:24 написано: *«Через це говорю вам: Усе, чого ви в молитві попросите, вірте, що одержите, і сповниться*

вам». Ми можемо вірити всім словам, записаним у шестидесяти шести книжках Біблії, якщо маємо віру. Є Божі обітниці, що ми отримаємо те, про що просимо, і тому ми можемо досягти всього з молитвою.

Але, звичайно, це не означає, що ми можемо просто молитися і нічого не робити. Ми повинні застосовувати на практиці Боже Слово, щоби мати змогу отримати відповідь. Наприклад, учень, який має середні оцінки у класі, молиться про те, щоби стати найкращим учнем. Але він дрімає на уроках і не вчиться. Чи зможе він стати найкращим учнем? Окрім молитви, він повинен старанно вчитися, щоби Бог зміг допомогти йому стати найкращим учнем у класі.

Те саме стосується бізнеса. Ви щиро молитеся про те, щоби ваш бізнес процвітав, але вашою метою є новий будинок, інвестиції у нерухомість і розкішний автомобіль. Чи отримаєте ви відповідь на свою молитву? Звичайно, Бог бажає, щоби Його діти жили у достатку, але Богові не подобаються молитви, в яких є прохання виконати пожадливі бажання. Але якщо ви бажаєте отримати благословення, щоби допомагати бідним і підтримувати місіонерську роботу, і якщо ви тримаєтеся правильного шляху, не чините беззаконня, Бог неодмінно приведе вас до шляху благословень.

У Біблії є багато обітниць про те, що Бог дасть відповіді на молитви Своїх дітей. Але у багатьох випадках люди не отримують відповіді, тому що вони не достатньо терплячі. Люди можуть попросити про негайну відповідь, але Бог може не відповісти негайно.

Бог відповідає їм у найбільш доречний і сприятливий час, тому що Він знає все. Якщо предмет їхнього прохання у молитві – це дещо велике і важливе, Бог може відповісти їм лише коли кількість молитов буде достатньою. Коли Даниїл молився, щоби отримати одкровення щодо духовних питань, Бог послав Свого ангела для відповіді на молитву, тільки-но Даниїл почав молитися. Але минув двадцять один день перед тим, як Даниїл дійсно зустрів ангела. Протягом двадцяти одного дня Даниїл молився з таким же щирим серцем, як і спочатку. Якщо ми насправді віримо у те, що ми вже щось отримали, тоді нам не важко чекати на відповідь. Ми думаємо лише про радість, яку матимемо, коли наші проблеми дійсно вирішаться.

Деякі віруючі не можуть дочекатися, коли отримають від Бога відповідь на свою молитву. Вони можуть молитися і постити, просячи Бога, але якщо відповідь не приходить досить швидко, вони можуть здатися, подумавши про те, що Бог не збирається їм відповідати.

Якщо ми дійсно вірили і молилися, ми не будемо засмучуватися і не опустимо руки. Ми не знаємо, коли отримаємо відповідь: завтра, ввечері, після наступної молитви або через рік. Бог знає ідеальний час для відповіді.

У Посланні Якова 1:6-8 написано: *«Але нехай просить із вірою, без жадного сумніву. Бо хто має сумнів, той подібний до морської хвилі, яку жене й кидає вітер. Нехай бо така людина не гадає, що дістане що від Господа. Двоєдушна людина непостійна на всіх дорогах своїх».*

Найважливішим є те, наскільки твердо ми віримо, коли

молимося. Якщо ми дійсно віримо у те, що вже отримали відповідь, ми можемо бути щасливими і задоволеними за будь-яких обставин. Якщо ми маємо віру отримати відповідь, ми молитимемось і діятимемо з вірою, доки плід не потрапить нам до рук. Крім того, коли ми терпимо страждання серця або гоніння, виконуючи Божу роботу, ми можемо приносити плоди доброчестя лише через довготерпіння.

Довготерпіння отців віри

Під час подолання дистанції марафону напевно виникають важкі моменти. Але після того радість на фініші буде такою великою, що її зможуть зрозуміти лише ті, хто сам на собі відчув це. Божі діти, які беруть участь у перегонах віри, також час від часу стикаються з труднощами, але вони можуть все подолати, дивлячись на Ісуса Христа. Бог дасть їм Свою благодать і силу, Святий Дух також їм допоможе.

У Посланні до євреїв 12:1-2 написано: *«Тож і ми, мавши навколо себе велику таку хмару свідків, скиньмо всякий тягар та гріх, що обплутує нас, та й біжім з терпеливістю до боротьби, яка перед нами, дивлячись на Ісуса, на Начальника й Виконавця віри, що замість радости, яка була перед Ним, перетерпів хреста, не звертавши уваги на сором, і сів по правиці престолу Божого».*

Ісус дуже постраждав від зневаги і знущань з боку Своїх створінь доки не виконав план спасіння. Але оскільки Він знав, що Він сяде по праву руку від Божого престолу, і що люди отримають спасіння, Він терпів до кінця, не думаючи про фізичний сором. Зрештою Він загинув на хресті, взявши на Себе гріхи людства, але воскрес на третій день, щоби відкрити шлях спасіння. Бог поставив Ісуса Царем над царями, Паном над панами, тому що Він був покірним до смерті, маючи любов і віру.

Яків, онук Аврама, став отцем Ізраїльського народу. Він мав наполегливе серце. Він забрав право первородства від свого брата Ісава, обдуривши його, і втік до Харану. У Вефілі він отримав обітницю від Бога.

У Книзі Буття 28:13-15 написано: «*...Земля, на якій ти лежиш, Я дам її тобі та нащадкам твоїм. І буде потомство твоє, немов порох землі. І поширишся ти на захід, і на схід, і на північ, і на південь. І благословляться в тобі та в нащадках твоїх всі племена землі. І ось Я з тобою, і буду тебе пильнувати скрізь, куди підеш, і верну тебе до цієї землі, бо Я не покину тебе, аж поки не вчиню, що Я сказав був тобі*». Яків терпів протягом двадцяти років свої випробування і зрештою став отцем всього Ізраїльського народу.

Йосип був одинадцятим сином Якова, якого батько любив найбільше. Одного дня рідні брати продали його в єгипетське рабство. Він став рабом в іншій країні, але не засмутився. Він добре старався виконувати свою роботу і його визнав його господар за вірність. Становище Йосипа поліпшилося, коли він почав опікуватися всіма питаннями домашнього господарства свого пана, але його несправедливо обвинуватили і зробили політичним в'язнем. Одне випробування йшло за іншим.

Звичайно, всі кроки були благодаттю Бога у процесі підготовки його до посади прем'єр-міністра Єгипту. Але про те ніхто не знав, окрім Бога. Однак Йосип не засмутився навіть у в'язниці, тому що мав віру і вірив в обітницю Бога, дану йому ще у дитинстві. Він вірив, що Бог виконає його сон, де сонце і місяць, а також одинадцять зірок у небі вклонилися йому, і він стояв на місці. Він повністю довіряв Богові і терпів всі труднощі, а також тримався правди відповідно до Божого Слова. Його віра була істинною.

А якби ви потрапили у таку саме ситуацію? Чи можете ви уявити, що відчував Йосип протягом 13 років від дня, коли його продали у рабство? Напевно ви багато молилися би Богові про те, щоби вийти із даної ситуації. Напевно, ви стримаєте себе у покаєтеся в усіх своїх думках, щоби отримати відповідь від Бога. Ви також попросите Божої благодаті, проливаючи сльози і промовляючи щирі слова. І якщо ви не отримаєте відповіді протягом одного, двох або навіть десяти років, але ваша ситуація погіршиться, як ви себе почуватимете?

Найкращі роки свого життя Йосип провів у в'язниці. І коли він бачив, як безглуздо минають дні, напевно він би почувався нещасним, якби не мав віри. А пригадуючи щасливе життя у домі свого батька, він почувався ще більш нещасним. Але Йосип завжди довіряв Богові, Котрий наглядав за ним. Він твердо вірив у любов Бога, Котрий дає все найкраще у правильний час. Він ніколи не втрачав надії навіть під час важких випробувань. Він діяв з вірою і добром, з терпінням, доки його мрії не виповнилися.

Давид також був визнаний Богом як чоловік за серцем Бога. Але навіть після того, як він був помазаний наступним царем, йому довелося пройти багато випробувань, у тому числі відчути на собі переслідування царя Саула. Він часто перебував у ситуаціях на межі зі смертю. Але витерпівши всі випробування з вірою, він став великим царем, який правив всім народом Ізраїлю.

У Посланні Якова 1:3-4 написано: «*...Знаючи, що досвідчення вашої віри дає терпеливість. А терпеливість нехай має чин досконалий, щоб ви досконалі та бездоганні були, і недостачі ні в чому не мали*». Я спонукаю вас, щоби ви зрощували таке абсолютне довготерпіння. Таке терпіння збільшить вашу віру, розширить і поглибить ваше серце, зробивши його дозрілим. Ви відчуєте дію благословень, отримаєте відповіді від Бога, які Він обіцяв дати, якщо повністю досягнете довготерпіння (Послання до євреїв 10:36).

Довготерпіння необхідне, щоби потрапити до Небесного Царства

Щоби потрапити до Небесного Царства, нам необхідне терпіння. Дехто говорить, що насолоджуватимуться життям у цьому світі, поки молоді, а до церкви підуть у похилому віці. Інші люди старанно живуть у вірі і надії на прихід Господа, але потім втрачають терпіння і передумують. Оскільки Господь не приходить так швидко, як вони очікують, вони вважають, що надто важко продовжувати бути старанними у вірі. Вони говорять, що перепочинуть у процесі обрізання свого серця і виконання Божої роботи, а коли вони будуть впевнені у тому, що побачили ознаку приходу Господа, тоді вони старатимуться краще.

Але ніхто не знає, коли Бог покличе наш дух, або коли прийде Господь. Навіть якби ми знали цей час наперед, ми не можемо мати віру за власним бажанням. Люди не можуть мати лише духовну віру, щоби отримати спасіння як вони бажають. Все дається за благодаттю Бога. Ворог, сатана і диявол, просто не залишить їх, щоби вони легко отримали спасіння. Крім того, якщо ви маєте надію потрапити до Нового Єрусалиму, що на небесах, ви можете все робити з терпінням.

У Книзі Псалмів 125:5-6 написано: *«Хто сіє з слізьми, зо співом той жне: все ходить та плаче, хто носить торбину насіння на посів, та вернеться з співом, хто носить сноти свої!»* Звичайно, ми повинні докласти власних зусиль, сліз і суму, коли ми сіємо зерна і вирощуємо їх. Інколи такий жаданий дощ не приходить, або бушують урагани та великі зливи, які можуть завдати шкоди врожаю. Але зрештою ми напевно матимемо радість багатого врожаю відповідно до закону справедливості.

Бог чекає тисячу років, які для Нього як один день, щоби отримати істинних дітей, і Він з біллю віддав Свого єдиного Сина за нас. Господь витерпів страждання на хресті, і Святий Дух також терпить з невимовним стогоном протягом періоду зрощення людства. Сподіваюся, що ви зростите повне духовне терпіння, пам'ятаючи цю любов Бога, так що отримаєте плоди благословення як на цій землі, так і на небесах.

Євангеліє від Луки 6:36

«Будьте ж милосердні,

як і Отець ваш милосердний!»

Закону нема на таких!

Розділ 6

Добрість

Розуміння і прощення інших за допомогою плоду добрості
Необхідно мати серце і справи подібні до тих, які мав Господь
Щоби мати добрість, треба позбутися упереджень
Милосердя до тих, хто перебуває у скрутному становищі
Не вказуйте легко на недоліки інших людей
Будьте великодушними до всіх
Поважайте інших

Добрість

Іноді люди говорять, що не можуть зрозуміти якусь людину, незважаючи на те, що намагалися це зробити. Також, незважаючи на свої намагання простити людину, вони не можуть її простити. Але якщо ми принесли плід добрості у своєму серці, немає нічого, що ми не могли би зрозуміти, і немає жодної людини, яку б ми не могли простити. Ми зможемо зрозуміти будь-кого, маючи добрість, і прийняти будь-яку людину з любов'ю. Ми не будемо говорити, що любимо когось через якусь причину і не любимо іншу людину через іншу причину. Ми не відчуватимемо нелюбов або ненависть до будь-якої людини. Ми не будемо сваритися з людиною і не матимемо поганих почуттів щодо інших людей, не кажучи вже про ворогів.

Розуміння і прощення інших за допомогою плоду добрості

Добрість – це якість або стан добра. Але духовно добрість дещо ближче до милосердя. І духовно милосердя означає «розуміти в істині навіть тих, кого ніхто не розуміє». Це також серце, яке здатне прощати в істині навіть тих, кого люди простити не можуть. Бог співчуває людству, маючи милосердне серце.

У Псалмі 129:3 написано: *«Якщо, ГОСПОДИ, будеш зважати на беззаконня, хто встоїть, Владико?»* Як написано, якби Бог не мав милості і судив нас за справедливістю, жодна людина не змогла постати перед Богом. Але Бог простив і прийняв навіть тих людей, яких неможливо було ні простити, ані прийняти, відповідно до суворих законів справедливості. Крім того, Бог віддав життя Свого єдиного Сина, щоби спасти цих людей від вічної смерті. Відколи ми стали Божими дітьми, повіривши в Господа, Бог бажає, щоби ми зрощували таке серце милосердя. Тому в Євангелії від Луки 6:36 Бог сказав: *«Будьте ж милосердні, як і Отець ваш милосердний!»*

Таке милосердя дещо схоже на любов, але також відрізняється. Духовна любов – це здатність пожертвувати собою заради інших безоплатно, тоді як милосердя більше схоже на прощення і прийняття. Тобто це означає мати можливість прийняти і обійняти людину повністю, не допускаючи неправильного розуміння або ненависті, незважаючи на те, що ця людина не заслуговує на любов. Ви не будете ненавидіти або уникати людину лише за те, що її думки відрізняються від ваших, але навпаки, ви можете стати силою і заспокоєнням для них. Якщо ви маєте добре серце приймати інших людей, ви не викриватимете їхні беззаконня або провини, але покриватимете і прийматимете їх, і будете мати з ними прекрасні стосунки.

Був випадок, коли милосердне серце відкрилося дуже яскраво. Одного дня Ісус молився всю ніч на горі Оливній, а вранці прийшов у храм. Багато людей зібралося біля його ніг. Але коли Ісус проповідував Боже Слово, люди почали суєтитися. У натовпі з'явилися кілька книжників і фарисеїв, які привели до Ісуса жінку. Вона тремтіла від страху.

Вони сказали Ісусу, що жінку впіймали на вчиненні перелюбу, і запитали, щоби Він зробив з нею, коли закон говорить, що таку жінку потрібно вкаменувати. Якби Ісус сказав їм побити жінку камінням, то не відповідало би Його ученню: «Люби своїх ворогів». А якби Він сказав простити її, то було би порушенням закону. Здавалося, Ісус опинився у дуже важкій ситуації. Однак Ісус просто писав щось на землі і сказав те, що записано в Євангелії від Івана 8:7: *«Хто з вас без гріха, нехай перший на неї той каменем кине!...»* Люди гостро відчули напад сумління і один за одним пішли геть. Зрештою залишилися Ісус і жінка.

В Євангелії від Івана 8:11 Ісус сказав жінці: *«Не засуджую й Я тебе. Іди собі, але більш не гріши!»* Слова «Не засуджую й Я тебе» означають те, що Він простив жінку. Ісус простив жінку, яку неможна було простити, і дав їй шанс відвернутися від своїх гріхів. Таким є милосердне серце.

Необхідно мати серце і справи подібні до тих, які мав Господь

Милосердя – це дійсне прощення і любов навіть до своїх ворогів. Так само, як мати піклується про своє немовля, ми приймемо і обіймемо всіх. Навіть коли люди мають великі провини, або вчинили смертний гріх, ми спершу поставимося до них з милосердям, а не будемо засуджувати їх. Ми будемо ненавидіти гріхи, а не грішників. Ми зрозуміємо ту людину і спробуємо дати їй можливість жити.

Припустимо, що дитина слабка і дуже часто хворіє. Як буде ставитися мати до такої дитини? Вона бажатиме знати, чому її дитина така хворобливa, чому їм так важко. В неї не буде ненависті до своєї дитини через часті хвороби. Вона любитиме і жалітиме її більше, ніж здорових дітей.

Була одна мама, яка мала розумово відсталого сина. У двадцятирічному віці хлопець був на рівні розвитку дворічної дитини, і матері доводилося постійно за ним слідкувати. Однак вона ніколи не вважала важким доглядати за своїм сином. Вона жаліла і співчувала своєму синові, коли піклувалася про нього. Якщо ми приносимо такий плід милості повністю, ми будемо милосердними не лише зі своїми дітьми, але з усіма людьми.

Під час Свого громадського служіння Ісус проповідував Євангеліє Небесного Царства. Його основними слухачами були не багатії і можновладці, але бідні, зневажені, ті, кого вважали грішниками, як, наприклад, збирачі податків або повії.

Те саме було, коли Ісус обрав Своїх апостолів. Люди можуть подумати, що було би розсудливішим обрати учнів з числа тих, хто був добре знайомий з Божим Законом, тому що їх було би легше навчити Божому Слову. Але Ісус не обрав таких людей. Він обрав Матвія, котрий був збирачем податків, Петра, Андрія, Якова та Івана, які були рибалками.

Ісус також зціляв різноманітні хвороби. Одного дня Ісус вздоровив чоловіка, котрий хворів протягом тридцяти восьми років і чекав руху води біля купальні Віфесда. Він жив з постійним болем, не маючи надії на життя, але ніхто не звертав на нього уваги. Але Ісус підійшов і запитав його: «Хочеш бути здоровим?» і вздоровив його.

Ісус також вздоровив жінку, яка страждала на кровотечу

протягом дванадцяти років. Він відкрив очі Вартимею, сліпому жебракові (Євангеліє від Матвія 9:20-22; Євангеліє від Марка 10:46-52). По дорозі у місто Наїн Ісус побачив вдову, у якої помер єдиний син. Він пожалів жінку і воскресив сина (Євангеліє від Луки 7:11-15). Крім того, Він дбав про тих, кого пригноблювали. Він став другом зневажених, збирачів податків і грішників.

Деякі люди осуджували Ісуса за те, що Той їв разом з грішниками: *«Чому то Вчитель ваш їсть із митниками та із грішниками?»* (Євангеліє від Матвія 9:11). Але почувши це, Ісус промовив: *«Лікаря не потребують здорові, а слабі! Ідіть же, і навчіться, що то є: Милости хочу, а не жертви. Бо Я не прийшов кликати праведних, але грішників до покаяння»* (Євангеліє від Матвія 9:12-13). Він навчав нас, маючи співчутливе і милосердне серце до грішників і хворих.

Ісус прийшов щоби спасти не лише багатих і праведних, але насамперед бідних, хворих і грішних. Ми можемо швидко принести плід милосердя, якщо наше серце і справи будуть схожими на такі, які мав Ісус. А тепер давайте розглянемо, що конкретно ми маємо робити, щоби принести плід милосердя.

Щоби мати добрість, треба позбутися упереджень

Земні люди часто осуджують людей за зовнішністю. Їхнє ставлення до людей змінюється в залежності від того, чи вважаються вони багатими або відомими. Божі діти не повинні осуджувати людей за їхньою зовнішністю або змінювати своє ставлення серця, дивлячись лише на зовнішність. Ми повинні зважати навіть на малих дітей або тих, хто здається нижчим від вас, і служити їм із серцем Господа.

У Посланні Якова 2:1-4 написано: *«Брати мої, не зважаючи на обличчя, майте віру в нашого Господа слави, Ісуса Христа. Бо коли до вашого зібрання ввійде чоловік із золотим перснем, у шаті блискучій, увійде й бідар у вбогім вбранні, і ви поглянете на того, хто в шаті блискучій, і скажете йому: Ти сідай вигідно отут, а бідареві прокажете: Ти стань там, чи сідай собі тут на підніжку моїм, то чи не стало між вами поділення, і не стали ви злодумними суддями?»*

Також у 1 Посланні Петра 1:17 написано: *«І коли ви Отцем звете Того, Хто кожного, не зважаючи на особу, судить за вчинок, то в страху провадьте час вашого тимчасового замешкання».*

Якщо ми приносимо плід милосердя, ми не будемо осуджувати і обвинувачувати інших за їхньою зовнішністю. Ми також повинні перевірити, чи не маємо ми упереджень або фаворитизму у духовному розумінні. Існують деякі люди, які повільно розуміють духовні питання. Деякі люди мають неповноцінність, тому їхні слова або вчинки можуть бути недоречними у певних ситуаціях. А інші люди діють не відповідно до методів Господа.

Коли ви бачите таких людей або спілкуєтесь з ними, чи не відчуваєте ви розчарування? Чи не дивилися ви на таких людей звисока або бажали уникнути їх у якійсь мірі? Чи змушували ви когось бентежитись через ваші агресивні слова або неввічливу поведінку?

Також деякі люди говорять про людину або звинувачують її так, ніби вони перебувають на посаді судді, а та людина вчинила гріх. Коли жінку, яка вчинила перелюб, привели до Ісуса, багато людей показували на неї пальцем, осуджуючи і обвинувачуючи. Але Ісус не звинувачував її, але дав їй шанс на спасіння. Якщо ви маєте таке милосердне серце, тоді ви матимете співчуття до тих людей, які отримують покарання за свої гріхи, і ви сподіваєтеся, що вони переможуть.

Милосердя до тих, хто перебуває у скрутному становищі

Якщо ми милосердні, ми матимемо співчуття до людей, які перебувають у скрутному становищі, і з радістю допомагатимемо їм. Ми не просто співчуватимемо їм всім серцем, лише промовляючи: «Підбадьорся і будь сильним!» Ми насправді допоможемо їм.

У 1 Посланні Івана 3:17-18 написано: *«А хто має достаток на світі, і бачить брата свого в недостачі, та серце своє зачиняє від нього, то як Божа любов пробуває в такому? Діточки, любімо не словом, ані язиком, але ділом та правдою!»* Також у Посланні Якова 2:15-16 написано: *«Коли ж брат чи сестра будуть нагі, і позбавлені денного покорму, а хтонебудь із вас до них скаже: Ідіть з миром, грійтесь та їжте, та не дасть їм потрібного тілу, що ж то поможе?»*

Ви не повинні думати: «Шкода, що він вмирає з голоду, але я нічого не можу зробити, тому що мені ледь вистачає для себе». Якщо ви дійсно співчуваєте щирим серцем, ви можете поділитися або навіть віддати свою порцію. Якщо хтось вважає, що його становище не дозволяє допомогти іншим людям, тоді малоймовірно, що така людина допомагатиме іншим навіть ставши багатою.

Це стосується не лише матеріальних речей. Коли ви бачите людину, яка відчуває якісь проблеми, у вас повинно виникнути бажання допомогти і розділити біль тієї людини. Це є милосердя. Особливо ви повинні піклуватися про тих, хто падає у пекло через відсутність віри у Господа. Ви намагатимесь привести таку людину до шляху спасіння.

У Центральній Церкві Манмін з часу її відкриття відбувалися могутні справи Божої сили. Але я ще більше прошу про могутнішу силу і присвячую все своє життя явленню тієї сили. Це тому що я сам страждав від бідності і у повній мірі відчув біль втрати надії через хворобу. Коли я бачу людей, які страждають від цих проблем, їхній біль стає моїм болем, і я бажаю допомогти їм всім, чим можу.

Я бажаю вирішити їхні проблеми і врятувати їх від покарання у пеклі і привести їх до небес. Але як я один можу допомогти такій великій кількості людей? Відповідь, яку я отримав, – це Божа сила. Незважаючи на те, що я не можу вирішити всі проблеми бідності, хвороб та інші проблеми всіх людей, я можу допомогти їм зустрітися з Богом і відчути Його. Тому я намагаюся більше являти силу Бога, щоби ще більше людей могли зустріти Бога і відчути Його.

Звичайно, демонстрація сили для людей – це не завершення процесу спасіння. Незважаючи на те, що люди почали вірити, побачивши силу, ми повинні піклуватися про них фізично і духовно доки їхня віра не зміцниться. Тому я робив все можливе, щоби надавати допомогу бідним навіть тоді, коли наша церква відчувала певні фінансові труднощі. Тоді вони змогли би прямувати до небес, маючи більшу силу. У Книзі Приповістей 19:17 написано: *«Хто милостивий до вбогого, той позичає для Господа, і чин його Він надолужить йому»*. Якщо ви піклуєтесь про душі, маючи серце Господа, Бог неодмінно віддячить вам Своїми благословеннями.

Не вказуйте легко на недоліки інших людей

Якщо ми любимо когось, нам доводиться інколи давати поради або докоряти. Якщо батьки зовсім не будуть сварити своїх дітей, а завжди прощатимуть, тому що люблять своїх дітей, тоді діти стануть розбещеними. Але якщо ми маємо милосердя, ми не можемо легко карати, докоряти або вказувати на недоліки. Коли ми даємо поради, ми повинні робити це з молитовним розумом, дбаючи про серце тієї людини. У Книзі Приповістей 12:18 написано: *«Дехто говорить, мов коле мечем, язик же премудрих то ліки»*. Пастори і лідери, особливо ті, які навчають віруючих, повинні пам'ятати ці слова.

Ви можете легко сказати: «Ви маєте неправедне серце, і це не догоджає Богові. У вас такі і такі недоліки, і через це вас не люблять». І хоча все, що ви сказали, правда, якщо ви будете вказувати на недоліки зверхньо, самовдоволено і без любові, це не принесе життя. Після вашої поради люди не зміняться, насправді ви образите їхні почуття, вони засмутяться і втратять силу.

Інколи деякі члени церкви просять мене вказати на їхні недоліки, щоби вони могли зрозуміти їх і змінитися. Вони говорять, що бажають зрозуміти свої недоліки і змінитися. Тож коли я дуже обережно починаю щось говорити, вони зупиняють мене і починають пояснювати свою точку зору, тож насправді я не можу дати пораду. Взагалі давати поради важко. Сьогодні, наприклад, люди можуть прийняти це з подякою, але якщо вони втратять повноту Духу, ніхто не знає, що відбудеться у їхньому серці.

Інколи мені необхідно звернути на щось увагу, щоби досягти Божого Царства, або зробити так, щоби люди отримали відповіді для вирішення їхніх проблем. Я спостерігаю за настроєм по обличчю людей, з молитвою, сподіваючись, що вони не образяться і не засмутяться.

Звичайно, коли Ісус докоряв фарисеям і книжникам рішучими словами, вони не могли прийняти Його пораду. Ісус давав їм шанс, щоби хоч один із них почув Його і покаявся. Також, оскільки вони були учителями народу, Ісус хотів, щоби люди зрозуміли і не були обдурені лицемірством. Окрім таких особливих випадків ви не повинні промовляти слова, які можуть образити почуття інших людей або викрити їхнє беззаконня, так що вони спіткнуться. Коли вам необхідно щось порадити, бо це необхідно, ви повинні робити це з любов'ю, ставлячи себе на місце іншої людини і піклуючись про неї.

Будьте великодушними до всіх

Більшість людей здатні великодушно віддати те, що мають у якійсь мірі, тим, кого люблять. Навіть скупі люди можуть позичити щось або дарувати подарунки, якщо вони впевнені, що отримають щось у відповідь. В Євангелії від Луки 6:32 написано: *«А коли любите тих, хто любить вас, яка вам за те ласка? Люблять бо й грішники тих, хто їх любить»*. Ми можемо принести плід милосердя, коли віддаємо щось, не очікуючи нічого у відповідь.

Ісус знав від початку, що Юда зрадить Його, але Він ставився до нього так само, як і до інших учнів. Він давав Юді багато шансів знову і знову, щоби той зміг покаятися. Навіть коли Ісуса розпинали, Він молився за тих, хто розпинав Його. В Євангелії від Луки 23:34 написано: *«Отче, відпусти їм, бо не знають, що чинять вони!...»* Маючи таке милосердя, ми можемо прощати навіть тих, кого зовсім неможливо простити.

У Книзі Дії ми читаємо про Степана, який також мав цей плід милосердя. Він не був апостолом, але був сповнений благодаті і сили Бога. Через нього відбувалися великі ознаки і дива. Люди, яким це не подобалося, намагалися сперечатися з ним, але коли він відповів з Божою мудрістю у Святім Дусі, вони не могли суперечити йому. Написано, що люди бачили його лице як лице ангола (Книга Дії 6:15).

Юдеї мучилися від докорів сумління, слухаючи проповідь

Степана, і зрештою вивели його за місто і побили камінням до смерті. Навіть помираючи Степан молився про тих, хто кидав у нього каміння: *«Не залічи їм, о Господи, цього гріха!»* (Книга Дії 7:60). Це говорить про те, що Степан вже простив їм. Він не мав до них ненависті, він мав лише плід милосердя і співчував їм. Маючи таке серце, Степан міг являти могутні справи.

Тож наскільки добре ви зростили таке серце? Чи є людина, яка вам не подобається, або яка перебуває з вами не в найкращих стосунках? Ви повинні приймати і обіймати інших, незважаючи на те, що їхні характери і погляди не узгоджуватимуться з вашими. Спочатку ви повинні поставити себе на місце тієї людини. Тоді ви поміняєте свої негативні почуття щодо тієї особи.

Якщо ви просто думаєте: «Для чого він це робить? Я не можу його зрозуміти», тоді ви матимете лише важкі почуття і відчуватимете незручність, коли зустрічатиметесь з тією особою. Але якщо ви думаєте: «Добре, у такій ситуації він міг вчинити так», тоді ваші негативні почуття можуть змінитися. Тепер ви швидше матимете милість до тієї людини, якій залишалося вчинити саме так, і молитиметесь за неї.

Змінивши свої думки і почуття таким чином, ви можете потроху видалити ненависть та інше зло. Якщо у вас залишилося бажання наполягати на своїй упертості, ви не зможете погоджуватися ні з ким. Ви також не зможете видалити ненависть і погані почуття. Ви повинні позбутися почуття власної праведності, змінити думки і почуття, щоби ви могли приймати будь-яку людину і служити їй.

Поважайте інших

Щоби приносити плід милосердя, ми повинні шанувати інших за те, що вони зробили щось добре, і ми повинні приймати догани, якщо щось зроблено погано. Коли іншу людину вихваляють більше, незважаючи на те, що ви працювали разом, ви все рівно можете радіти разом із нею, ніби то ваша особиста радість. Ви не відчуватимете жодного дискомфорту, вважаючи, що ви зробили більшу частину роботи і що вихваляють іншу людину, хоча вона має багато недоліків. Ви лише будете вдячними, думаючи, що та людина стане впевненішою і працюватиме більше, отримавши таку хвалу від інших.

Якщо матір робить щось разом зі своєю дитиною, але нагороду отримає дитина, що вона відчуватиме? Не повинно бути матерів, які би скаржилися, що вони допомагали дитині гарно виконати роботу, але не отримали нагороду. Також добре, якщо мама почує від інших людей, що вона гарна, але вона буде щасливішою, якщо люди скажуть таке саме про її доньку.

Якщо ми маємо плід милосердя, ми можемо поставити будь-яку людину вище за себе і передати всі заслуги їй. І ми разом радітимемо, ніби хвалять нас. Милосердя – характерна риса Бога-Отця, Котрий сповнений співчуття і любові. Не лише милосердя, але кожен із плодів Святого Духу – це також сутність бездоганного Бога. Любов, радість, мир, терпіння і всі інші плоди – це різні аспекти сутності Бога.

Отже, приносити плоди Святого Духу означає те, що ми

повинні намагатися мати серце Бога у собі і бути бездоганними, як Бог. Чим більш дозрілими будуть духовні плоди в вас, тим прекраснішими ви станете, і Бог не зможе стримати Свою любов до вас. Він радітиме за вас, говорячи, що ви – Його сини і доньки, які так сильно схожі на Нього. Якщо ви стали Божими дітьми, які догоджають Йому, ви можете отримати все, про що попросите у молитві, і навіть те, про що ви лише мріяли у своєму серці. Бог знає все і відповість вам. Сподіваюся, що всі ви принесете плоди Святого Духу у повній мірі і догоджатимете Богові в усьому, так що благословення переливатимуться через край, і ви насолоджуватиметесь великою повагою у Небесному Царстві як діти, які дуже схожі на Бога.

Послання до филип'ян 2:5

«Нехай у вас будуть ті самі думки, що й у Христі Ісусі!»

Закону нема на таких!

Розділ 7

Милосердя

Плід милосердя
Прагнути милосердя відповідно до бажання Святого Духу
В усьому обирати милосердя, як добрий самарянин
Не сваріться і не хваліться за будь-яких обставин
Не доломлюйте надломлену очеретину і не погашайте догасаючого гнота
Сила виконувати милосердя в істині

Милосердя

Одного вечора молодий чоловік у потертому одязі прийшов до літньої пари і попросив здати йому в оренду кімнату. Старі пожаліли хлопця і здали йому кімнату. Але молодий чоловік не ходив на роботу, а лише пиячив цілими днями. За таких обставин кожен би захотів виставити його, вважаючи, що така людина не платитиме орендної плати. Але старенькі годували хлопця час від часу і підбадьорювали його, проповідуючи йому Євангеліє. Це зворушило молодого чоловіка, тому що старі ставилися до нього як до власного сина. Зрештою хлопець прийняв Ісуса Христа і став новою людиною.

Плід милосердя

Любити зневажених або покидьків суспільства до кінця, не відмовляючись від них – це милосердя. Плід милосердя зароджується не лише у серці, але відкривається у справах, як ми бачимо з історії про літню пару.

Якщо ми приносимо плід милосердя, ми всюди випускаємо аромат Христа. Люди, які нас оточують, зворушаться, побачивши наші добрі справи, і прославлять Бога.

«Милосердя» – це якість, яка означає бути лагідним, уважним до інших, щиросердним і доброчесним. Однак у духовному сенсі це серце, яке шукає милосердя у Святому Дусі, тобто милосердя в істині. Якщо ми повністю приносимо плід милосердя, ми матимемо серце Господа, чисте і бездоганне.

Інколи навіть невіруючі, які не отримали Святого Духа, у якійсь мірі виконують милосердя у своєму житті. Земні люди розрізняють і судять про добро і зло відповідно до своєї совісті. За відсутності докорів сумління земні люди вважають, що вони добрі і праведні. Але совість у кожної людини різна. Щоби зрозуміти милосердя як плід Духу, спершу ми повинні зрозуміти людську совість.

Прагнути милосердя відповідно до бажання Святого Духу

Деякі нові віруючі можуть засуджувати проповіді відповідно до своєї совісті і знань, говорячи: «Це зауваження не узгоджується з цією науковою теорією». Але коли вони виростають у вірі і вивчають Боже Слово, вони починають розуміти, що їхній стандарт думок неправильний.

Совість – це стандарт, щоби розрізняти між добром і злом, який засновується на підвалинах характеру людини. Характер людини залежить від того, з якою життєвою енергією народилася людина, а також яким було її оточення. Діти, які отримують добру життєву енергію, мають порівняно добрий характер. Також люди, які виросли у гарному оточенні, бачили і чули гарні речі, ймовірніше матимуть добру совість. З іншого боку, якщо дитина успадкувала поганий характер від своїх батьків і стикалася зі злом, її характер і совість ймовірно будуть лихими.

Наприклад, діти, яких вчили бути чесними, відчуватимуть докори сумління, коли говоритимуть неправду. А діти, які росли в отеченні брехунів, вважатимуть це природнім. Вони навіть не думають про те, що брешуть. Такі люди думають, що брехати – це нормально, і їхня совість забруднюється злом настільки, що вони навіть не відчувають докорів сумління з приводу цього.

Також, незважаючи на те, що діти виховуються одними і тими ж батьками, в однаковому середовищі, вони сприймають все по-різному. Деякі діти просто слухаються своїх батьків, а інші мають дуже сильну волю і мають схильність не коритися. Тож навіть у рідних братів або сестер, яких виховують одні батьки, совість формується по-різному.

Совість формуватиметься інакше в залежності від соціальних та економічних цінностей, які превалювали під час їхнього виховання у сім'ї. Кожне суспільство має свою систему цінностей. Сучасні стандарти і ті, які існували 100, 50 років тому, суттєво відрізняються. Наприклад, коли було рабство, люди не думали, що бити рабів і примушувати їх працювати – це неправильно. Також лише 30 років тому було соціально неприпустимим, щоби жінка показувала своє тіло на телебаченні. Як говорилося раніше, совість може бути різною в залежності від особи, місця і часу. Люди, які думають, що керуються своєю совістю, просто тримаються того, що вони вважають добром. Однак, не можна стверджувати, що вони діють у повному милосерді.

Але ми, люди, які вірять в Бога, маємо той саме стандарт, за допомогою якого ми розрізняємо добро і зло. Ми маємо за стандарт Боже Слово. Цей стандарт вчора, сьогодні і завжди залишається незмінним. Духовне милосердя – це наявність такої істини за нашу совість і виконання її. Це готовність виконувати бажання Святого Духу і шукати милосердя. Але просто наявність бажання виконувати милосердя не дає нам можливості стверджувати, що ми принесли плід милосердя. Ми можемо сказати, що ми приносимо плід лише коли це бажання виконувати милосердя демонструється і здійснюється на практиці.

В Євангелії від Матвія 12:35 написано: *«Добра людина з доброго скарбу добре виносить, а лукава людина зо скарбу лихого виносить лихе».* У Книзі Приповістей 22:11 також написано: *«Хто чистість серця кохає, той має хороше на устах, і другом йому буде цар».* Як написано у цих віршах, люди, які дійсно шукають доброго, матимуть насправді добрі вчинки, які буде видно зовні. Куди б вони не пішли і кого б вони не зустріли, вони являють щедрість і любов у своїх словах і справах. Саме як людина, яка побризкалася парфумами, випускатиме гарний аромат, люди, які мають милосердя, випускатимуть аромат Христа.

Деякі люди бажають зростити добре серце, тому вони дослухаються до духовних людей і бажають товаришувати з ними. Їм подобається чути і вивчати істину. Їх легко зворушити, вони легко починають плакати. Але вони не можуть зростити добре серце лише тому що мають таке бажання. Якщо вони почули або вивчили щось, вони повинні зростити це у власному серці і здійснювати це на практиці. Наприклад, якщо вам подобається компанія гарних людей і ви уникаєте поганих людей, чи можна сказати, що ви прагнете милосердя?

Від недобрих людей можна також дечому повчитися.

Навіть якщо ви не можете нічому повчитися у них, ви можете отримати урок з їхнього життя. Якщо людина має запальний характер, ви можете навчитися тому, що маючи такий характер людина часто свариться і сперечається. Виходячи з цього спостереження, ви дізнаєтеся про те, чому вам краще не мати такий характер. Якщо ви спілкуєтеся лише з гарними людьми, ви не можете навчитися від відносності почутого або побаченого. У кожної людини є чому повчитися. Ви можете думати, що прагнете милосердя, багато вивчаєте і розумієте, але ви повинні перевіряти себе, чи не бракує вам фактичних справ для накопичення милосердя.

В усьому обирати милосердя, як добрий самарянин

Тепер давайте детальніше поговоримо про те, що таке духовне милосердя, що означає чинити милосердя в істині і у Святому Дусі. Насправді духовне милосердя – це дуже широке поняття. Природа Бога – це милосердя. Милосердя червоною ниткою проходить крізь всю Біблію. Але уривок, прочитавши який ми можемо добре відчути аромат милосердя, знаходиться у Посланні до филип'ян 2:1-4:

> *Отож, коли є в Христі яка заохота, коли є яка потіха любови, коли є яка спільнота духа, коли є яке серце та милосердя, то доповніть радість мою: щоб думали ви одне й те, щоб мали ту саму любов, одну згоду й один розум! Не робіть нічого*

підступом або з чванливости, але в покорі майте один одного за більшого від себе. Нехай кожен дбає не про своє, але кожен і про інших.

Людина, яка має природжений дух милосердя, шукає милосердя в Господі, тому вона підтримує навіть справи, з якими вона не згодна. Так людина покірна, не має пихи ні у словах, ані у справах. І хоча інші люди не такі багаті або розумні, як ця людина, вона щиро поважає їх і може стати їхнім справжнім другом.

І хоча інші люди безпідставно погано ставляться до цієї людини, вона лише приймає їх з любов'ю. Вона служить їм, принижуючи себе, так що має мир з усіма. Така людина не лише буде вірно виконувати свої обов'язки, але також піклуватиметься про справи інших людей. У 10 главі Євангелія від Луки записана притча про доброго самарянина.

Чоловіка пограбували по дорозі з Єрусалима в Єрихон. Розбійники роздягли чоловіка і залишили на дорозі напівмертвим. Проходив тією дорогою священик і проминув чоловіка. Так само і Левит надійшов у те місце, але також проминув. Священики і Левити – це люди, які знають Боже Слово і служать Богові. Вони знають закон краще всіх людей. Вони також гордяться тим, як гарно вони служать Богові.

Коли їм треба було виконувати Божу волю, вони не чинили справи, які їм належало виконувати. Звичайно, вони могли сказати, що мали свої причини, чому вони не могли допомогти чоловікові. Але якби вони мали милосердя, вони не могли просто проігнорувати людину, яка особливо потребувала допомоги.

Пізніше проходив там якийсь самарянин і побачив чоловіка, якого пограбували. Самарянин змилосердився, перев'язав рани. Посадив його на худобину власну і доставив до гостиниці і попросив господаря піклуватися про нього. Наступного дня, від'їжджаючи, він дав господареві два динарії і пообіцяв доплатити, коли повернеться.

Якби самарянин був егоїстом, він би навіть не подумав вчинити так. Він також був зайнятий, допомога абсолютно незнайомому чоловіку могла забрати в нього багато часу і грошей. Самарянин міг просто надати постраждалому першу допомогу, і не повинен був просити господаря гостиниці піклуватися про постраждалого, і обіцяти відшкодувати додаткові витрати.

Але оскільки він був милосердним, він не міг просто проігнорувати людину, яка помирала край дороги. Незважаючи на те, що він витратив час і гроші, незважаючи на свою зайнятість, він не міг просто не звернути уваги на людину, яка терміново потребувала допомоги. Коли самарянин допоміг нещасному, він попросив іншу людину піклуватися про нього. Якби самарянин так само пройшов повз нещасного, маючи на те свої причини, напевно потім він би відчував тягар на серці.

Він би постійно запитував себе і докоряв думаючи: «Цікаво, що сталося з тим пораненим чоловіком. Треба було йому допомогти хоча це завдало би мені збитків. Бог стежив за мною. Тож як я міг так вчинити?» Духовне милосердя – це неможливість миритися з чимось, якщо ми не оберемо шлях милосердя. Навіть відчуваючи, що хтось намагається обдурити нас, ми в усьому обираємо милосердя.

Не сваріться і не хваліться за будь-яких обставин

Інший уривок, який дозволяє нам відчути духовне милосердя, знаходиться в Євангелії від Матвія 12:19-20. У вірші 19 написано: *«Він не буде змагатися, ані кричати, і на вулицях чути не буде ніхто Його голосу»*. У наступному, 20 вірші, написано: *«Він очеретини надломленої не доломить, і ґнота догасаючого не погасить, поки не допровадить присуду до перемоги...»*

Тут говориться про духовне милосердя Ісуса. Під час Свого служіння в Ісуса не виникало жодних проблем, Він ні з ким не сварився. З дитинства Він був покірним Божому Слову, а під час Свого публічного служіння чинив лише добро, проповідував про Небесне Царство і зцілював хворих. І все-таки лихі люди перевіряли Його багатьма словами і намагалися вбити.

Ісусові завжди були відомі їхні лихі наміри, але Він не мав до них ненависті. Він лише давав їм зрозуміти справжню волю Бога. Коли вони не могли зрозуміти її, Він не сперечався з ними, а просто уникав їх. Навіть коли Ісуса допитували перед розп'яттям на хресті, Він не сварився і не сперечався.

Коли ми проходимо стадію початківців у християнській вірі, ми в якійсь мірі вивчаємо Боже Слово. Ми не будемо швидко посилювати голос або спалахувати роздратуванням лише через невеличке непогодження з іншими. Але сварки полягають не лише у підвищенні голосу. Якщо ми почуваємося незатишно через деякі незгоди, це також можна назвати сваркою. Ми називаємо це сваркою, тому що мир у серці порушено.

Якщо у серці – ворожнеча, причина криється у самій людині. Неможна звинувачувати тих, хто завдає вам шкоди. Це не тому що вони не поводяться так, як ми вважаємо правильним. Це тому що наші серця надто вузькі, щоби прийняти їх. І це також тому що ми маємо розумові рамки, які ставлять нас на курс протиріч щодо багатьох питань.

Шматок м'якої бавовни не видаватиме звуку, коли об нього удариться якийсь предмет. Навіть якщо ми потрясемо склянку з чистою водою, вона залишиться такою ж чистою. Те саме можна сказати про серце людини. Якщо душевний спокій порушено і за певних обставин виникають неприємні почуття, це відбувається тому, що у серці досі присутнє зло.

Написано, що Ісус не кричав, тож чому інші люди кричать? Тому що вони хочуть заявити про себе і похизуватися. Вони вигукують тому що бажають визнання, а також щоби їм служили інші люди.

Ісус явив такі величезні справи як воскресіння мертвого і відновлення зору у сліпого. Але Він був скромний. Крім того, навіть коли люди насміхалися над Ним, коли Ісус висів на хресті, Він просто був покірний Божій волі до смерті, тому що не мав жодного наміру хизуватися (Послання до филип'ян 2:5-8). Також написано, що ніхто не чув Його голосу на вулицях. Це говорить про те, що манери Ісуса були бездоганними. Він був бездоганний у Своїй поведінці, ставленні і розмові. Його величезне милосердя, покірливість і духовна любов, яка існувала глибоко у серці, проявлялися зовнішньо.

Якщо ми приносимо плід духовного милосердя, ми не матимемо конфліктів або проблем ні з ким, так само, як не мав їх наш Господь. Ми не будемо говорити про провини або недоліки інших людей. Ми не намагатимемось хизуватися або виставляти себе перед іншими. Навіть якщо ми страждаємо необґрунтовано, ми не будемо скаржитися.

Не доломлюйте надломлену очеретину і не погашайте догасаючого ґнота

Коли ми вирощуємо дерево або рослини, коли на них з'являються зламані листочки або гілки, ми зазвичай їх відрізаємо. Також коли ґніт догасає, світло тьмяніє, з'являється дим і кіптява. Тому його краще загасити. Але люди, які мають духовне милосердя, «надломленої очеретини не доломлять і догасаючого ґнота на погасять». Якщо існує хоча б слабкий шанс на одужання, вони не будуть відрізати те життя і намагатимуться відкрити шлях життя для інших.

Тут «надломлена очеретина» – це люди, які сповнені гріхів і зла цього світу. Догасаючий ґніт символізує людей, чиє серце настільки забруднене злом, що світло їхньої душі вже майже згасло. Малоймовірно, що люди, які схожі на надломлену очеретину і догасаючий ґніт, приймуть Господа. Незважаючи на те, що вони вірять в Бога, їхні справи не відрізняються від справ земних людей. Вони навіть виступають проти Святого Духу або чинять опір Богові. У часи Ісуса було багато людей, які не вірили в Нього. І незважаючи на те, що вони бачили дивовижні справи сили, вони чинили опір справам Святого Духа. Однак Ісус до кінця дивився на них з вірою і дав їм можливість отримати спасіння.

Сьогодні навіть у церквах є багато людей, які схожі на надломлені очеретини або догасаючий ґніт. Вони кличуть: «Господи, Господи!» своїми вустами, але живуть у гріхах. Деякі з них навіть чинять опір Богові. Маючи слабку віру, вони спотикаються, спокусившись, і перестають ходити до церкви. Після вчинків, які в церкві визнані лихими, вони стають настільки збентеженими, що залишають церкву. Якщо ми маємо милосердя, ми спершу повинні простягнути таким людям свою руку.

Деякі люди бажають, щоби їх любили і визнавали у церкві, але якщо такого не відбувається, вони сердяться. Вони починають заздрити тим, кого люблять члени церкви, тим, хто просувається у дусі, і погано говорять про них. У них не лежить серце до певної роботи, якщо її започаткували не вони, і намагаються віднайти дефекти у ній.

Навіть у таких випадках люди, які мають плід духовного милосердя, приймуть цих людей, які випустили свою злість. Вони не намагаються дізнатися, хто правий, а хто ні, хто хороший, а хто поганий, а потім покласти тому край. Вони розтоплюють серця людей, торкаються їх, ставлячись до них щиро і по-доброму.

Деякі люди просять мене розкрити особи тих людей, які ходять до церкви, маючи свої приховані мотиви. Вони говорять, що таким чином ніхто не буде обманювати членів церкви, і такі люди зовсім не ходитимуть до церкви. Так, викриття їхньої особи, можливо, очистить церкву, але це надто збентежить їхніх рідних, або тих, хто привів їх до церкви. Якщо ми виполемо наших членів церкви за різними причинами, у церкві залишиться мало людей. Одне із завдань церкви – змінити лихих людей і привести їх у Небесне Царство.

Звичайно, деякі люди продовжують проявляти зло, і вони потраплять на шлях смерті, навіть якщо ми проявимо милосердя до них. Але навіть у такому випадку ми не будемо просто встановлювати обмеження нашого терпіння і залишати їх, якщо вони перейдуть межу. Духовне милосердя полягає у тому, щоби спробувати дозволити їм безупину шукати духовного життя.

Полова і пшениця здаються схожими, але полова пуста всередині. Після збору врожаю господар збирає пшеницю у комору і спалює полову. Або використовує її в якості добрива. У церкві також є пшениця і полова. Зовні всі люди здаються віруючими, але є пшениця, яка кориться Божому Слову, і полова, яка чинить зло.

Але так само, як господар чекає на збір врожаю, Бог любові чекає, коли люди, схожі на полову, зміняться до кінця. Доки не прийшов останній день, ми повинні давати шанс всім спастися і дивитися на всіх очима віри, зрощуючи у собі духовне милосердя.

Сила виконувати милосердя в істині

Ви можете запитати, яким чином духовне милосердя відрізняється від інших духовних характеристик. Тобто, у притчі про доброго самарянина його вчинки можна описати як добродійність і співчуття. І якщо ми не сваримося і не підвищуємо голос, тоді ми повинні перебувати у мирі і покорі. Тож чи входить все це до властивостей духовного милосердя?

Звичайно, любов, милосердя, милість, мир і покора належать доброті. Як говорилося раніше, милосердя – це природа Бога, і дуже широке поняття. Але відмінними аспектами духовного милосердя є бажання дотримуватись такого милосердя і сила дійсно застосовувати його на практиці. Увага зосереджується не на милості співчуття до інших або безпосередньо на допомозі їм. Увага на милосерді, маючи яке, самарянин не зміг пройти повз, коли повинен був явити милість.

Також відсутність суперечок і висловлювань – це також прояв покори. Але характер духовного милосердя у цих випадках полягає у тому, що ми не можемо порушити мир, тому що ми виконуємо духовне милосердя. Замість того, щоби вигукувати і бути упізнаними, ми бажаємо бути скромними, тому що виконуємо це милосердя.

Коли ви, віруюча людина, маєте плід милосердя, ви будете вірними не лише в одному, але й в усьому Божому домі. Якщо ви нехтуєте будь-якими зі своїх обов'язків, можливо, якась людина страждатиме від того. Боже Царство у такому випадку неможливо досягти. Тому, якщо ви маєте у собі милосердя, ви не відчуватимете себе затишно. Ви не можете просто нехтувати цим, тож ви намагатиметесь бути вірним в усьому Божому домі. Ви можете застосувати цей принцип до всіх інших характеристик духу.

Лихі люди почуватимуться незатишно, якщо не чинитимуть погано. В залежності від того, скільки вони мають зла, вони почуваються дуже добре лише вчинивши зло. Люди, які мають звичку влізати у розмову, не можуть контролювати себе, якщо вони не можуть втрутитися у розмову інших. І хоча вони ображають почуття інших людей або завдають їм шкоди, вони заспокояться лише тоді, коли виконають бажане. Однак якщо вони запам'ятають і намагатимуться позбутися поганих звичок і думок, які не узгоджуються з Божим Словом, вони зможуть позбавитися більшості з них. Але якщо вони перестануть це робити, вони залишаться такими самими навіть через десять або двадцять років.

Але милосердні люди не такі. Якщо вони не виконують милосердя, вони матимуть більше незручних почуттів, ніж коли вони зазнають збитків, і неодноразово задумаються про це. Тому незважаючи на те, що вони зазнають деяких збитків, вони не бажають шкодити іншим. І хоча вони вважають це незручним, вони намагаються дотримуватись правил.

Ми можемо відчути це серце зі слів Павла. Він мав віру їсти м'ясо, але якщо це могло змусити спіткнутися якусь людину, він не бажав їсти м'ясо зовсім все подальше життя. Таким же чином, якщо те, чим вони насолоджуються, може завдати якихось незручностей іншим, милосердні люди краще не будуть насолоджуватися цим і вважатимуть кращим не робити так заради інших. Вони не будуть чинити те, що бентежить інших, і вони ніколи не робитимуть нічого, що змусить Святий Дух стогнати в них.

Крім того, якщо ви виконуєте милосердя в усьому, це означає, що ви приносите плід духовного милосердя. Якщо ви приносите плід духовного милосердя, ви матимете ставлення Господа. Ви не робитимете нічого, що може змусити когось спіткнутися. Зовні ви також будете милосердними і покірними. Вас шануватимуть, коли ви матимете Образ Господа, ваша поведінка і мова також будуть бездоганними. Ви будете прекрасними в очах кожної людини, і випускатимете аромат Христа.

В Євангелії від Матвія 5:15-16 написано: *«І не запалюють світильника, щоб поставити його під посудину, але на свічник, і світить воно всім у домі. Отак ваше світло нехай світить перед людьми, щоб вони бачили ваші добрі діла, та прославляли Отця вашого, що на небі».* Також у 2 Посланні до коринтян 2:15 написано: *«Ми бо для Бога Христова запашність серед тих, хто спасається, і тих, які гинуть».* Тому я сподіваюся, що ви прославите Бога в усьому, приносячи плід духовного милосердя і випускаючи аромат Христа у цьому світі.

Книга Числа 12:7-8

«У всім домі Моїм він довірений!
Говорю Я з ним уста до уст,
а не видінням і не загадками,
і Образ ГОСПОДА він оглядає».

Закону нема на таких!

Розділ 8

Віра

Щоби наша віра була визнана
Виконувати більше, ніж необхідно
Бути вірними в істині
Працювати відповідно до волі господаря
Бути вірними в усьому Божому домі
Бути вірними Божому Царству і правді Його

Bipa

Господар збирався у подорож за кордон. Але треба було наглядати за його активами, тож він доручив цю справу трьом своїм слугам. Залежно від їхніх здібностей, він дав кожному зі слуг один, два і п'ять талантів відповідно. Слуга, який отримав п'ять талантів, торгував замість свого господаря і заробив додатково ще п'ять талантів. Слуга, який отримав два таланти, також заробив ще два таланти. А слуга, якому господар дав один талант, просто закопав його у землю, не отримавши ніякого прибутку.

Господар похвалив слуг, які додатково заробили два і п'ять талантів, і нагородив їх, промовивши: *«Гаразд, рабе добрий і вірний!»* (Євангеліє від Матвія 25:21). Але він докорив слузі, котрий просто закопав один талант, промовивши: *«Рабе лукавий і лінивий!»* (вірш 26).

Бог також дає нам багато завдань в залежності від наших талантів, щоби ми могли працювати для Нього. Лише коли ми виконуємо свої обов'язки, докладаючи всіх зусиль і приносимо користь Небесному Царству, нас можна визнати «добрими і вірними рабами».

Щоби наша віра була визнана

Словник дає визначення слову «віра». Це «здатність бути непохитним у прихильності або відданості, або твердим у прихильності обіцянкам або у виконанні обов'язків». Навіть у цьому світі вірні люди високо цінуються за свою надійність.

Але віра, яку визнає Бог, відрізняється від віри мирських людей. Одне лише повне дієве виконання наших обов'язків не може бути духовною вірою. Також якщо ми докладаємо всіх зусиль або віддаємо своє життя у якійсь одній сфері, це не є повною вірою. Якщо ми виконуємо свої обов'язки як дружина, мати або чоловік, чи можна це назвати вірою? Це просто те, що ми маємо робити.

Духовно вірні люди високо цінуються у Небесному Царстві і випускають приємний аромат. Вони випускають аромат незмінного серця, аромат міцної покори. Можна порівняти це з покорою гарної робочої корови і ароматом серця, яке заслуговує на довіру. Якщо ми можемо випускати такі аромати, Господь скаже, що ми такі прекрасні, що Він бажає обійняти нас. Такою була історія з Мойсеєм.

Сини Ізраїльського народу були рабами в Єгипті більше 400 років, і Мойсей мав обов'язок вивести їх до ханаанського Краю. Бог так сильно любив Мойсея, що розмовляв з ним віч-на-віч. Він був вірний в усьому Божому домі і виконував все, що наказував йому Бог. Мойсей навіть не думав про всі проблеми, які у нього могли виникнути. Він був більше, ніж просто вірний в усіх сферах щодо виконання обов'язку лідера Ізраїльського народу, він також був вірний своїй сім'ї.

Одного дня до Мойсея прийшов його тесть Їтро. Мойсей розповів йому про всі надзвичайні речі, які вчинив Бог для Ізраїльського народу. Наступного дня Їтро побачив дещо дивне. Люди з самого ранку стали у чергу, щоби побачити Мойсея. Вони просили Мойсея вирішити спір, які вони не могли вирішити самостійно. Їтро зробив пропозицію.

У Книзі Вихід 18:21-22 написано: *«А ти наздриш зо всього народу мужів здібних, богобоязливих, мужів справедливих, що ненавидять зиск, і настановиш їх над ними тисяцькими, сотниками, п'ятдесятниками та десятниками. І будуть вони судити народ кожного часу. І станеться, кожну велику справу вони принесуть до тебе, а кожну малу справу розсудять самі. Полегши собі, і нехай вони несуть тягар із тобою».*

Мойсей прислухався до його слів. Він зрозумів, що тесть мав рацію і прийняв пропозицію. Мойсей обрав мужів здібних, які ненавиділи зиск, і поставив їх тисяцькими, сотниками, п'ятдесятниками та десятниками. Вони мали роль суддів для народу для розгляду звичайних і простих справ, а Мойсей вирішував лише великі спори.

Людина може приносити плід віри, коли вона виконує всі обов'язки з добрим серцем. Мойсей був вірний членам своєї родини і всьому народу. Він витрачав весь свій час і сили, і тому його визнали одним із вірних в усьому Божому домі. У Книзі Числа 12:7-8 написано: *«Не так раб мій Мойсей: у всім домі Моїм він довірений! Говорю Я з ним уста до уст, а не видінням і не загадками, і Образ ГОСПОДА він оглядає».*

Тож якою має бути людина, яка принесла плід віри, який визнає Бог?

Виконувати більше, ніж необхідно

Коли працівникам платять за роботу, ми не кажемо, що вони вірні, якщо вони просто виконують свої обов'язки. Ми можемо сказати, що вони виконали свою роботу, але вони зробили лише те, за що їм заплатили, тому ми не можемо назвати їх вірними. Але навіть серед оплачуваних робітників є деякі, які роблять більше, ніж за що їм платять. Вони не роблять це з небажанням або просто думаючи, що мають виконати лише те, за що їм заплатили. Вони виконують свій обов'язок всім серцем, розумом і душею, не жаліючи свого часу і грошей, маючи бажання, яке походить із серця.

Деякі з штатних працівників церкви виконують більше, ніж повинні. Вони працюють понаднормово, завжди думаючи про свій обов'язок перед Богом. Вони завжди думають про те, як краще послужити церкві і її членам, виконуючи більше, ніж вони мають робити. Крім того, вони беруть на себе обов'язки лідерів малих груп, щоби піклуватися про людей. Саме так треба проявляти свою віру, роблячи набагато більше, ніж було доручено.

Також, беручи на себе відповідальність, люди, які приносять плід віри, робитимуть більше, ніж те, за що вони відповідають. Наприклад, Мойсей пропонував своє життя, коли молився про спасіння синів Ізраїльського народу, які вчинили гріх. Ми можемо дізнатися про це з його молитви, яка записана у Книзі Вихід 32:31-32: *І вернувся Мойсей до Господа та й сказав: О, згрішив цей народ великим гріхом, вони зробили собі золотих богів! А тепер, коли б Ти пробачив їм їхній гріх! А як ні, витри мене з книги Своєї, яку Ти написав...»*

Коли Мойсей виконував цей обов'язок, він був пкірний не лише у виконанні Божих наказів. Він не думав так: «Я зробив все, що міг, я передав їм волю Бога, але вони не прийняли її.

Більше я їм нічим не можу допомогти». Він мав серце Бога і направляв людей з любов'ю, докладаючи всіх зусиль. Тому коли люди чинили гріхи, Мойсей вважав це власною провиною і бажав взяти відповідальність на себе.

Так само можна сказати про апостола Павла. У Посланні до римлян 9:3 написано: *«Бо я бажав би сам бути відлучений від Христа замість братів моїх, рідних мені тілом»*. Але незважаючи на те, що ми чуємо і знаємо про віру Павла і Мойсея, це не обов'язково означає, що ми зростили віру.

Навіть ті люди, які мають віру і виконують свої обов'язки, могли сказати дещо інше, ніж промовив Мойсей, якби вони були у такій саме ситуації. А саме, вони могли сказати: «Боже, я зробив все можливе. Мені шкода народ, але я також багато постраждав як вождь цього народу». Насправді вони говорять: «Я впевнений, тому що зробив все необхідне». Або вони можуть хвилюватися, що отримають догану разом з іншими за гріхи тих людей, хоча вони не були відповідальними. Серце таких людей знаходиться досить далеко від віри.

Звичайно, не всі можуть молитися так: «Будь ласка, прости їм їхні гріхи або викресли мене з книги життя». Це означає, що якщо ми приносимо плід віри у нашому серці, ми не можемо просто сказати, що ми не відповідаємо за те, що пішло на так. Перед тим, як ми подумаємо про те, що ми зробили все можливе своїми справами, ми спершу подумаємо, яке ми мали серце, коли нам вперше були доручені обов'язки.

Також ми спершу будемо думати про любов і милість Бога до душ людей, а також про те, що Бог не бажає, щоби вони були знищені, хоча Він говорить, що покарає їх за гріхи. Тоді яку молитву ми принесемо Богові? Можливо, ми промовимо з глибини свого серця: «Боже, це моя провина. Я їх добре не зміг скерувати. Дай їм ще один шанс, заради мене».

Те саме стосується всіх інших аспектів. Вірні люди не лише говоритимуть: «Я зробив достатньо», але робитимуть надто багато, вкладаючи все своє серце. У 2 Посланні до коринтян 12:15 Павло сказав: «*Я ж з охотою витрачуся й себе витрачу за душі ваші, хоч що більше люблю вас, то менше я люблений*».

Тобто, Павло без примусу піклувався про душі людей, він також не робив те лише зовнішньо. Він відчував велику радість у виконанні своїх обов'язків і тому він сказав, що витратиться за душі інших людей.

Він приносив себе у жертву знову і знову, маючи абсолютну відданість до людей. У випадку з Павлом, ми можемо сказати, що це істинна віра, якщо ми можемо виконати свій обов'язок сповна, з радістю і любов'ю.

Бути вірними в істині

Припустимо, людина вступила до банди і присвятила своє життя ватажку тієї банди. Чи скаже Бог, що така людина вірна? Звичайно, ні! Бог може визнати нашу віру лише якщо ми будемо вірними у милосерді та істині.

Оскільки християни ведуть старанне життя у вірі, вірогідніше, вони отримають багато обов'язків. У деяких випадках спершу вони намагаються виконувати свої обов'язки з пристрастю, але у якийсь момент залишають їх. Їхній розум може бути зайнятий запланованим економічним підйомом. Вони можуть втратити своє завзяття щодо виконання обов'язків через труднощі у житті, або через бажання уникнути переслідувань. Чому їхній розум змінюється таким чином? Тому що вони не звертають увагу на духовну вірність, коли працюють для Божого Царства.

Духовна віра – це обрізання нашого серця. Це постійне прання одягу нашого серця. Це позбуття всіх гріхів, зла, неправди, беззаконня, темряви і перетворення на святого. У Книзі Об'явлення 2:10 написано: *«Будь вірний до смерти, і Я тобі дам вінця життя!»* Тут бути вірним до смерті означає не лише те, що ми маємо важко і вірно працювати до своєї фізичної смерті. Це також означає, що ми повинні намагатися виконати Боже Слово, записане в Біблії, повністю, всім своїм життям.

Щоби досягти духовної вірності, ми спершу повинні боротися з гріхами до крові і виконувати Божі заповіді. Першочергове завдання – позбутися зла, гріха і неправди, які Бог дуже ненавидить. Якщо ми лише фізично важко працюємо, але не обрізаємо своє серце, ми не можемо сказати, що це духовна вірність. Як сказав Павло: «Я щодень умираю», ми повинні повністю умертвити своє тіло і освятитися. Це – духовна віра.

Бог-Отець найбільше бажає, щоби ми мали святість. Ми повинні розуміти це і робити все можливе для обрізання свого серця. Звичайно, це не означає, що ми не можемо взяти на себе якісь обов'язки доки не стали повністю освяченими. Це означає, що який би обов'язок ми не виконували зараз, ми повинні досягти святості, виконуючи свої обов'язки.

Люди, які постійно обрізають своє серце, не змінять своє ставлення у вірі. Вони не відмовляться від свого улюбленого обов'язку, лише через те, що мають труднощі у повсякденному житті або якесь страждання у серці. Богом дані обов'язки – це обітниця, складена між нами і Богом, і ми ніколи не повинні порушувати свої обіцянки, дані Богові у будь-яких тяжких випробуваннях.

З іншого боку, що станеться, якщо ми знехтуємо обрізанням свого серця? Ми не зможемо утримати своє серце, коли постанемо перед труднощами і тяжкими випробуваннями. Ми можемо відмовитись від довірчих відносин з Богом і від виконання свого обов'язку. Тоді якщо ми повернемо собі Божу благодать, ми якийсь час будемо старанно працювати, і цей процес продовжуватиметься знову і знову. Робітників, які вагаються, неможна назвати вірними, незважаючи на те, що вони добре виконують свою роботу.

Щоби мати вірність, яку визнає Бог, ми також повинні мати духовну віру, що означає, що ми повинні обрізати своє серце. Але обрізання серця само по собі не стає нашою нагородою. Обрізання серця – це зобов'язання для Божих дітей, які отримали спасіння. Але якщо ми позбудемося гріхів і будемо виконувати свої зобов'язання з освяченим серцем, ми зможемо принести набагато більші плоди, ніж коли ми виконуємо їх, маючи тілесний розум. Тому ми отримаємо набагато більше нагород.

Наприклад, припустимо, ви тяжко працювали, виконуючи добровільну роботу у церкві у неділю. Але ви сперечалися і посварилися з багатьма людьми. Якщо ви служите церкві і при цьому скаржитесь і ображаєтесь, велика кількість ваших нагород відніметься у вас. Але якщо ви служите церкві з добром і любов'ю, підтримуючи мир з усіма, вся ваша робота буде ароматом, приємним для Бога, і кожна ваша справа стане вашою нагородою.

Працювати відповідно до волі господаря

У церкві ми повинні працювати відповідно до серця і волі Бога. Також ми повинні бути вірними, слухатись своїх лідерів відповідно до правил церкви. У Книзі Приповістей 25:13 написано: *«Немов снігова прохолода в день жнив посол вірний для тих, хто його посилає, і він душу пана свого оживляє».*

Незважаючи на те, що ми дуже старанно виконуємо свої обов'язки, ми не зможемо задовольнити бажання свого пана, якщо просто будемо робити те, що нам хочеться. Наприклад, припустимо, ваш начальник наказав вам залишитися в офісі тому що має прийти дуже поважний клієнт. Але ви маєте виконати справу за межами офісу, яка пов'язана з цим бізнесом, тож ви вирішуєте те питання, але це займає у вас цілий день. Навіть якщо ви виконували справи, пов'язані з роботою в офісі, в очах начальника ви будете невірними.

Ми не коримося волі пана або тому що втілюємо власні ідеї, або тому, що ми маємо корисливі мотиви. Може здатися, що такий робітник служить своєму панові, але насправді він це робить без віри. Він наслідує лише власні думки і бажання, а також йому показали, що він може будь-коли відмовитись від волі пана.

В Біблії ми читаємо про чоловіка на ім'я Йоав, котрий був родичем і полководцем армії Давида. Йоав був поряд з Давидом під час всіх небезпек, коли Давида переслідував цар Саул. Він був мудрим і хоробрим. Він управляв справами Давида. Коли він атакував аммонітян і захопив їхнє місто, він фактично завоював його, але він дозволив Давиду прийти і захопити місто самостійно. Він не забрав собі славу захоплення міста, але дозволив Давиду зробити це.

Він служив Давиду дуже добре, але Давиду було з ним не дуже затишно. Тому що Йоав не послухався Давида, коли то було особисто вигідно для нього. Йоав без вагань поводив себе зухвало з Давидом, коли хотів досягти своєї мети.

Наприклад, полководець Авнер, котрий був ворогом Давида, прийшов до Давида, щоби здатися. Давид привітав його і відправив назад. Тому що, прийнявши його, Давид міг швидше заспокоїти людей. Але коли Йоав пізніше дізнався про це, він пішов слідом за Авнером і вбив його. Це сталося тому, що Авнер вбив брата Йоава у попередньому бою. Він знав, що після вбивства Авнера Давид опиниться у важкій ситуації, але він просто піддався власним емоціям.

Також коли син Давида Авесалом повстав проти батька, Давид попросив солдатів, котрі збиралися битися з людьми Авесалома, поставитися до його сина по-доброму. Після такого наказу, Йоав все рівно вбив Авесалома. Можливо, він зробив так тому, що якби вони залишили Авесалома живим, він міг знову повстати, але врешті Йоав не скорився царському наказу і вчинив на власний розсуд.

Незважаючи на те, що він пройшов всі труднощі разом із царем, він не корився цареві у вирішальні моменти, і Давид не міг йому довіряти. Зрештою, Йоав повстав проти царя Соломона, сина Давида, і був страчений. Також у той час замість покори Давиду він хотів офіційно призначити на посаду людину, яка на його думку повинна була бути царем. Він служив Давиду все життя, але замість того, щоби стати гідним слугою, він завершив своє життя як повстанець.

Коли ми робимо роботу Бога, замість честолюбства найважливішим фактором є наша покірність Божій волі. Марно бути вірним, протидіючи Божій волі. Коли ми працюємо у церкві, спершу ми повинні також слухатися своїх лідерів, а не керуватися власними думками. Таким чином, ворог, сатана і диявол, не може винести жодних звинувачень, і ми зможемо вкінці прославити Бога.

Бути вірними в усьому Божому домі

«Бути вірними в усьому Божому домі» означає бути вірними в усіх аспектах щодо самих себе. В церкві ми повинні виконувати всі свої зобов'язання навіть якщо маємо т таких багато. І хоча ми не маємо конкретного обов'язку у церкві, одним із наших зобов'язань – бути присутніми там, де ми маємо бути як члени церкви.

Не лише у церкві, але також на роботі, у школі, всі мають свої обов'язки. В усіх цих аспектах ми повинні виконувати свої обов'язки як члени церкви. Бути вірними в усьому Божому домі означає виконувати всі свої обов'язки в усіх аспектах свого життя: як Божі діти, як лідери або члени церкви, як члени сім'ї, як працівники компанії або як студенти або вчителі в школі. Ми повинні не лише бути вірними у виконанні одного або двох обов'язків і нехтувати іншими обов'язками. Ми повинні бути вірними в усьому.

Ви можете подумати: «Я маю лише одне тіло, тож як я можу біти вірним в усіх сферах?» Але в залежності від того, наскільки ми духовно змінимося, нам неважко буде бути вірними в усьому Божому домі. І хоча ми витрачаємо небагато часу, ми напевно можемо зібрати плоди посіяного у дусі.

Також ті, хто змінився у дусі, не шукають власної вигоди і комфорту, але думають про вигоду для інших людей. Вони дивляться на все спершу з точки зору інших людей. Отже, такі люди піклуватимуться про виконання своїх обов'язків навіть якщо їм доведеться пожертвувати собою. Також в залежності від того, якого духовного рівня ми досягли, наше серце сповниться милосердям. І якщо ми будемо милосердними, ми не будемо схилятися лише в одну сторону. Тому навіть якщо ми маємо багато обов'язків, ми не будемо нехтувати будь-якими іншими зобов'язаннями.

Ми будемо робити все можливе, щоби піклуватися про всіх, хто нас оточує, намагаючись трохи більше піклуватися про інших. Тоді люди, які нас оточують, відчують щирість нашого серця. Тож вони не засмутяться, тому що ми не можемо бути з ними весь час, але вони будуть вдячними за те, що ми піклуємося про них.

Наприклад, одна людина має два обов'язки, і вона є лідером однієї малої групи, а також просто членом іншої малої групи. Якщо вона має милосердя і приносить плоди віри, вона не буде зневажати обидва свої обов'язки. Вона не буде говорити: «Члени нової групи зрозуміють мене, якщо я не прийду, тому що я – лідер іншої групи». Якщо вона фізично не може бути разом з першою групою, вона якимось іншим чином допомагатиме тій групі, у тому числі у душі. Так само ми можемо бути вірними в усьому Божому домі і мати мир з усіма в залежності від свого милосердя.

Бути вірними Божому Царству і правді Його

Йосипа продали у рабство у дім Потифара, начальника царської сторожі. Йосип був такий вірний і настільки заслуговував на довіру, що Потифар передав всю роботу у домі своєму молодому невільнику, і навіть не турбувався про те, що він робив. Тому що Йосип дбав навіть про дрібниці якнайкраще, маючи серце господаря.

Божому Царству також необхідні багато вірних працівників, як Йосип, у багатьох сферах. Якщо ви маєте певний обов'язок, і вірно виконуєте його, так що вашому лідеру навіть не доводиться наглядати за тим, тоді наскільки більшою силою ви будете для Божого Царства!

В Євангелії від Луки 16:10 написано: *«Хто вірний в найменшому, і в великому вірний; і хто несправедливий в найменшому, і в великому несправедливий».* Хоча Йосип служив фізичному пану, він працював вірно, маючи віру в Бога. Бог не вважав це безглуздям, але Він зробив Йосипа прем'єр-міністром Єгипту.

Я ніколи не почував себе спокійно щодо вчинків Бога. Я завжди приносив нічні молитви навіть перед відкриттям церкви, а після відкриття я молився з півночі до 4 ранку особисто, а потім проводив молитовні збори о 5 ранку. У той час у нас не було молитовних зборів Даниїла, як сьогодні, які починаються о 9 вечора. Ми не мали інших пасторів або лідерів малих груп, тому мені доводилося проводити всі ранкові молитовні збори самому. Але я не пропустив жодного дня.

Крім того, мені треба було готувати проповіді для недільного богослужіння, богослужіння у середу, а також нічного богослужіння, яке проводилось у п'ятницю, коли я навчався у теологічній семінарії. Я ніколи не перекладав своїх обов'язків на інших через втому. Після повернення із семінарії, я піклувався про хворих або відвідував членів церкви. Дуже багато хворих приходило з усієї країни. Я вкладав все своє серце кожного разу, коли відвідував членів церкви, щоби духовно послужити їм.

У той час деяким студентам доводилося добиратися до церкви на автобусі з двома або трьома пересадками. Тепер у нас є автобуси в церкві, а тоді їх не було. Тож я хотів, щоби студенти могли приїжджати до церкви, не турбуючись про вартість проїзду. Я проводжав студентів після богослужіння до автобусної зупинки і давав їм автобусні талони або квитки. Я давав їм достатньо автобусних талонів, щоби їм вистачило на проїзд наступного разу. Кількість пожертвувань у церкві налічувала лише кілька десятків доларів, тож я не міг брати церковні гроші. Я давав їм на проїзд власні гроші.

Коли реєструвався новий член церкви, я вважав кожного дорогоцінним скарбом, тому я молився за них і служив їм з любов'ю, щоби не втратити жодного з них. Тому у той час жоден, хто зареєструвався у церкві, не залишив її. Звичайно, церква продовжувала зростати. Тепер, коли церква налічує багато членів, чи означає це, що моя віра схолодніла? Звичайно, ні! Моя палкість до душ ніколи не остигала.

Тепер ми маємо більше 10 000 церков-філій по всьому світу, а також багато пасторів, старших, старших дияконіс, а також лідерів районних і малих груп. І незважаючи на це мої молитви і любов до людей лише зростала і ставала ще гарячішою.

Чи холоднішала ваша віра в Бога випадково? Чи є серед вас той, хто мав колись Богом дані обов'язки, але тепер їх вже не має? Якщо ви маєте такий саме обов'язок, як і раніше, чи не схолодніла ваша пристрасть до обов'язку? Якщо ми маємо справжню віру, наша вірність лише збільшуватиметься, коли ми станемо зрілими у своїй вірі, будемо вірними в Господі, щоби досягти Божого Царства і спасти численну кількість душ. Тож пізніше на небесах ми отримаємо значну кількість дорогоцінних нагород!

Якби Бог хотів бачити віру лише у справах, Йому б не треба було створювати людство, тому що існує численне небесне воїнство і ангели, які дуже слухняні. Але Бог не хотів, щоби хтось слухався безумовно, наче роботи. Він хотів мати дітей, які були би вірними у своїй вірі в Бога, яка походить з глибини їхнього серця.

У Псалмі 100:6 написано: *«Мої очі на вірних землі, щоб*

сиділи зо мною. Хто ходить дорогою невинного, той буде служити мені». Люди, які позбуваються всіх форм зла і стають вірними в усьому Божому домі, отримають благословення увійти у Новий Єрусалим, найпрекраснішу небесну оселю. Тому я сподіваюся, що ви станете працівниками, які стануть стовпами Божого Царства і будете насолоджуватися пошаною, перебуваючи близько до Божого престолу.

Євангеліє від Матвія 11:29

«Візьміть на себе ярмо Моє, і навчіться від Мене,

бо Я тихий і серцем покірливий,

і знайдете спокій душам своїм».

Закону нема на таких!

Розділ 9

Лагідність

Лагідність, щоби прийняти багато людей
Духовна лагідність, що супроводжується щедрістю
Характеристики людей, які принесли плід лагідності
Приносити плід лагідності
Обробляти гарну землю
Благословення для лагідних

Лагідність

Дивно, але багатьох людей турбує їхня гарячність, депресія, надмірна зосередженість на самому собі або екстравертність. Деякі люди просто списують все на свою особистість, коли все відбувається не так, як вони хотіли, промовляючи: «Я нічого не можу вдіяти, такий у мене характер». Але Бог створив людей, і Йому не важко змінити характер людини Своєю силою.

Одного разу Мойсей вбив чоловіка, бо мав запальний характер, але він змінився за допомогою сили Бога настільки, що Бог визнав його найпокірнішою і найлагіднішою людиною на всій землі. Апостол Іван мав прізвисько «син грому», але він змінився за допомогою сили Бога і був визнаний «тихим апостолом».

Якщо люди бажають позбутися зла і зорати поле свого серця, навіть люди, які мають запальний характер, хвастливі і зосереджені на собі, можуть змінитися і зростити лагідний характер.

Лагідність, щоби прийняти багато людей

За словником лагідність – це якість або стан людини. Вона може бути доброю, м'якою, ніжною або тихою. Сором'ливих людей, «боязких, асоціальних» за характером, або людей, які не можуть добре виразити себе, можна назвати лагідними. Наївних або тих, хто не сердиться внаслідок низького інтелектуального рівня, можуть здатися лагідними в очах мирських людей.

Але духовна лагідність – це не просто м'якість і ніжність.

Бути духовно лагідною людиною означає мати мудрість і здатність розрізняти між добром і злом, і у той же час розуміти і приймати всіх, тому що в них немає зла. Тобто, духовна лагідність означає щедрість у поєднанні з тихим і м'яким характером. Якщо ви маєте таку доброчесну щедрість, ви будете не лише тихою людиною весь час, але також являтимете гідність, коли необхідно.

Серце лагідної людини м'яке, наче бавовна. Якщо кинути камінь у бавовну, або проткнуте її голкою, бавовна просто покриє і обійме предмет. Так само, неважливо, як інші люди ставляться до них, духовно лагідні люди не матимуть важких почуттів у своєму серці до них. Тобто вони не гніваються і не відчувають незручностей, а також не завдають незручностей іншим людям.

Вони не осуджують, але розуміють і приймають. Люди відчуватимуть заспокоєння від таких осіб. Багато людей можуть прийти і знайти спокій поряд з лагідними людьми. Це як велике дерево з великою кількістю гілок, на які можуть сісти птахи, побудувати свої гнізда і відпочити.

Мойсей – це один із людей, якого визнав Бог за його лагідність. У Книзі Числа 12:3 написано: *«А той муж, Мойсей, був найлагідніший за всяку людину, що на поверхні землі»*. У часи Виходу кількість синів Ізраїлю була більшою 600 000 дорослих чоловіків. Разом з жінками і дітьми їх було більше двох мільйонів. Бути вождем такої кількості людей – надважке завдання для звичайної людини.

Особливо людей з твердим серцем, які у минулому були рабами в Єгипті. Якщо вас регулярно б'ють, ображають і лають, якщо ви виконуєте важку рабську роботу, ваше серце стане грубим і твердим. За таких умов надто важко закарбувати лагідність у серці, або любити Бога щирим серцем. Тому люди не слухалися Бога весь час, хоча Мойсей явив їм велику силу.

Зіткнувшись навіть з невеликими труднощами, вони почали нарікати і повстали проти Мойсея. Знаючи про те, що Мойсей водив народ у пустелі протягом 40 років, можна зрозуміти, якою духовно лагідною людиною був Мойсей. Сутність Мойсея – духовна лагідність, яка є одним з плодів Святого Духу.

Духовна лагідність, що супроводжується щедрістю

Але чи є хтось, хто думає щось подібне: «Я не гніваюся, і думаю, що я лагідніший за всіх, але я не отримую відповідей на свої молитви. Також я добре не чую голосу Святого Духа»? Тоді ви повинні перевірити, чи не є ваша лагідність тілесною лагідністю. Люди можуть говорити, що ви лагідні, якщо ви – м'яка і спокійна людина, але це лише тілесна лагідність.

Бог бажає духовної лагідності. Духовна лагідність – це не просто лагідність і м'якість, але вона повинна супроводжуватися доброчинною щедрістю. Щоби повністю зростити духовну лагідність, разом із смиренністю у серці, ви також повинні мати якість доброчинної щедрості, яку видно зовні. Це так само, коли людина, яка має прекрасний характер, носить костюм, який відповідає її характеру. Навіть якщо людина має гарний характер, якщо вона ходитиме гола, то буде її сором. Так само лагідність без доброчинної щедрості є неповною.

Доброчинна щедрість – це ніби обмундирування, яке змушує лагідність сяяти, але вона відрізняється від легалістичних або лицемірних вчинків. Якщо у вашому серці немає святості, не можна сказати, що ви маєте доброчинну щедрість лише тому, що ви маєте добрі видимі справи. Якщо ви схиляєтесь до демонстрації відповідних дій, замість того, щоби зрощувати своє серце, вірогідно ви перестанете розуміти свої недоліки і помилково вважатимете, що ви у значній мірі завершили духовний ріст.

Але навіть у цьому світі люди, які мають лише гарну зовнішність, але при цьому не є гарними особистостями, не можуть завоювати серця інших людей. Так само у вірі зосереджуватися на зовнішніх справах і не зрощувати внутрішню красу – це безглуздя.

Наприклад, деякі люди діють чесно, але вони осуджують і зневажають тих, хто не діє так само, як вони. Вони можуть також наполягати на власних стандартах, спілкуючись з іншими людьми, думаючи так: «Це правильно, тож чому б їм не робити це таким чином?» Даючи поради, вони можуть говорити гарні слова, але вони осуджують інших людей у своєму серці і говорять, відштовхуючись від свого самовдоволення і поганих почуттів. Люди не можуть знайти відпочинок у таких особах. Вони лише образяться і засмутяться, тому вони більше не захочуть залишатися поряд з такими людьми.

Деякі люди також сердяться і дратуються через своє самовдоволення і злість. Але вони говорять, що мають «праведний гнів» і роблять це заради інших. Але люди, які мають доброчинну щедрість, не втрачатимуть душевний спокій у будь-якій ситуації.

Якщо ви дійсно бажаєте приносити плоди Святого Духу у повній мірі, ви не можете просто покривати зло у серці своїм зовнішнім виглядом. Якщо так, тоді це буде просто шоу для інших людей. Ви повинні знову і знову перевіряти себе в усьому і обирати шлях милосердя.

Характеристики людей, які принесли плід лагідності

Коли люди бачать людей лагідних, які мають широкі серця, вони говорять, що їхні серця схожі на океан. Океан приймає всі забруднені води зі струмків і річок і очищує їх. Якщо ми зрощуватимемо широке і лагідне серце, схоже на океан, ми зможемо привести до шляху спасіння душі людей, які забруднилися гріхом.

Якщо ми маємо лагідність зовні і всередині, ми можемо здобути серця багатьох людей і виконати великі справи. Дозвольте навести декілька прикладів характеристик тих людей, які принесли плід лагідності.

По-перше, вони мають почуття власної гідності і стримані у своїх діях.

Люди, які здаються тихими, але насправді є нерішучими, не можуть приймати інших. Їх зневажатимуть і використовуватимуть інші люди. З історії ми знаємо про царів, які мали лагідний характер, але не мали доброчинної щедрості, тому у країні була нестабільність. Пізніше в історії люди оцінювали таких правителів не як лагідних, але нездатних і нерішучих людей.

З іншого боку, деякі царі мали теплий і м'який характер, а також мудрість, яка підкріплювалась почуттям власної гідності. Під управлінням таких царів країна була стабільною, і народ мав спокій. Так само люди, які мали лагідність і доброчинну щедрість, мають належний стандарт розсудливості. Вони чинять правду, відрізняючи її від неправди.

Коли Ісус очищав Храм і докоряв книжникам і фарисеям за лицемірство, Він був дуже сильним і суворим. Він має лагідне серце, щоби «очеретини надломленої не доломити і ґнота догасаючого не погасити», Але коли було необхідно, Він суворо докоряв людям. Якщо ви маєте таку гідність і праведність у серці, люди не можуть зверхньо дивитися на вас незважаючи на те, що ви ніколи не підвищували свій голос і не намагалися стати суворими.

Зовнішній вигляд також пов'язаний з наявністю у вас характеру Господа і бездоганних вчинків тіла. Доброчесні люди мають почуття власної гідності, авторитет, і роблять слова важливими. Вони не вимовляють необережно безглузді слова. Вони одягаються належним чином для кожної події. Вони мають лагідний, а не холодний вираз обличчя.

Наприклад, припустимо, у людини неприбране волосся і

неохайний одяг, а також недостойна поведінка. Припустимо, така людина полюбляє жартувати і розповідати щось безглузде. Напевно, такій людині дуже важко здобути довіру і повагу оточуючих. Інші люди не захочуть, щоби така людина прийняла і обійняла їх.

Якби Ісус весь час жартував, Його учні намагалися би жартувати разом з ним. Тому якби Ісус почав навчати їх чомусь важкому, вони би одразу почали сперечатися або наполягати на правильності власних думок. Але вони не наважувалися таке робити. Навіть ті люди, які приходили до Ісуса, щоби посперечатися, насправді не могли цього робити через те, що Ісус мав власну гідність. Слова і вчинки Ісуса завжди мали вагу і поважність, тому люди не могли зневажливо ставитися до Нього.

Звичайно, інколи старший за ієрархією може пошуткувати зі своїми підлеглими щоби підвищити настрій. Але якщо підлеглі жартують разом у грубій формі, це означає, що вони не мають правильного розуміння. Але якщо лідери неправі і мають стривожений вигляд, їм також не будуть довіряти. Особливо високопоставлені старші чиновники у компанії повинні мати правильне ставлення, манеру розмови і поведінку.

Начальник може мати шанобливу мову і діяти шанобливо зі своїми підлеглими, але інколи, якщо один із його підлеглих проявляє надмірну повагу, начальник може говорити звичайно, а не шанобливо, щоби бесіда була невимушеною. У такій ситуації відсутність надмірної ввічливості допоможе підлеглому почуватися спокійно, і він зможе легше відкрити своє серце. Але лише тому, що начальник робить атмосферу невимушеною у спілкуванні зі своїм підлеглим, люди, які обіймають нижчі посади, не повинні зверхньо дивитися на своїх начальників, сперечатися з ними або проявляти непокору.

У Посланні до римлян 15:2 написано: *«Кожен із нас нехай догоджає ближньому на добро для збудування»*. У Посланні до филип'ян 4:8 написано: *«Наостанку, браття, що тільки правдиве, що тільки чесне, що тільки праведне, що тільки чисте, що тільки любе, що тільки гідне хвали, коли яка чеснота, коли яка похвала, думайте про це!»* Так само, доброчесні і лагідні люди робитимуть все з правотою, і вони також бажають зробити так, щоби люди почувалися затишно.

Лагідні люди являють вчинки милосердя і співчуття, маючи широке серце.

Вони допомагають не лише тим, хто потребує фінансової допомоги, але й духовно стомленим і слабким, утішаючи їх і являючи їм благодать. Але, незважаючи на те, що вони мають у собі лагідність, якщо їхня лагідність залишатиметься лише у їхньому серці, буде важко випускати аромат Христа.

Наприклад, припустимо, є віруюча жінка, яка страждає від переслідувань за віру. Якщо про це дізнаються церковні лідери, вони поспівчувають їй і помоляться за неї. Такі лідери співчувають лише у серці. А інші лідери особисто підбадьорюватимуть і заспокоюватимуть жінку, допомагатимуть їй справами в залежності від ситуації. Вони підтримають її, щоби допомогти подолати труднощі з вірою.

Тож думки у серці і прояв конкретних дій надто відрізнятимуться для людини з проблемами. Коли лагідність проявляється зовні у вигляді благородних вчинків, вона може дати благодать і життя іншим людям. Тому коли в Біблії говориться: *«Лагідні вспадкують землю»* (Євангеліє від Матвія 5:5), це тісно пов'язане з вірою, яка проявляється в результаті доброчинної щедрості. Успадкування землі означає отримання небесних нагород. Звичайно, отримання небесних нагород пов'язане з вірою. Коли ви отримуєте почесний значок високої оцінки, знак пошани або нагороду за євангелізацію в церкві, – це є результатом вашої віри.

Так само, лагідні отримають благословення, але це не походить тільки від лагідного серця. Коли лагідне серце проявляється за допомогою доброчесних і щедрих справ, це приносить плоди віри. В результаті люди отримають нагороди. Тобто, коли ви приймаєте і обіймаєте багато душ з великодушністю, утішаєте їх, підбадьорюєте і даєте життя, ви вспадкуєте землю на небесах через такі вчинки.

Приносити плід лагідності

Тож як ми можемо приносити плід лагідності? Безумовно, ми повинні зростити своє серце, зробивши його гарною землею.

> *І багато навчав Він їх притчами, кажучи: Ось вийшов сіяч, щоб посіяти. І як сіяв він зерна, упали одні край дороги, і пташки налетіли, та їх*

повидзьобували. Другі ж упали на ґрунт кам'янистий, де не мали багато землі, і негайно посходили, бо земля неглибока була; а як сонце зійшло, то зів'яли, і коріння не мавши, посохли. А інші попадали в терен, і вигнався терен, і їх поглушив. Інші ж упали на добрую землю і зродили: одне в сто раз, друге в шістдесят, а те втридцятеро (Євангеліє від Матвія 13:3-8).

У 13 главі Євангелія від Матвія наше серце порівнюється з чотирма різними видами ґрунту. Його можна поділити на ґрунт край дороги, ґрунт кам'янистий, ґрунт, де росте багато терену, та добру землю.

Серце-ґрунт, яке порівнюється з ґрунтом край дороги, повинно звільнитися від самовдоволення і корисливих думок.

Ґрунтом край дороги ходять люди, тому він твердий. Отже в нього неможливо посіяти зерна. Зерна не можуть вкоренитися, тому їх з'їдають птахи. Люди, серце яких, подібне до такого ґрунту, уперті. Вони не відкривають свої серця істині, тож не можуть зустріти Бога і мати віру.

Їхнє знання і система цінностей настільки зміцнилася, що вони не можуть прийняти Боже Слово. Вони твердо вірять у свою правоту. Щоби позбутися самовдоволення і власних поглядів, вони спершу повинні зруйнувати зло у своєму серці. Важко зруйнувати самовдоволення і погляди, якщо людина тримає у собі гордість, гнів, упертість і фальш. Такі пороки стають причиною тілесних думок, які заважають їм вірити Божому Слову.

Наприклад, люди, які накопичували у собі фальш, не можуть утриматися від сумнівів, коли інші говорять істину. У Посланні до римлян 8:7 написано: *«Думка бо тілесна ворожнеча на Бога, бо не кориться Законові Божому, та й не може»*. Як написано, вони не можуть сказати «Амінь» Божому Слову а також покоритися йому.

Деякі люди спочатку були дуже уперті, але коли вони отримали благодать, і їхні думки змінилися, вони стали дуже палкими у своїй вірі. Це той випадок, коли зовні люди зробили твердим свій розум, але всередині мають м'яке і лагідне серце. Але люди, які схожі на ґрунт край дороги, відрізняються від цих людей. Це той випадок, коли їхнє внутрішнє серце також тверднe. Серце, яке тверднe зовні, але залишається м'яким всередині, можна порівняти з тонким пластом криги, а ґрунт край дороги можна порівняти зі ставком, який промерз до самого дна.

Через те, що ґрунт край дороги довгий час тверднув від неправди і зла, його нелегко розбити за короткий період часу. Люди повинні продовжувати розбивати його знову і знову, щоби обробити. Завжди, коли Боже Слово не узгоджується з їхніми думками, люди повинні подумати, чи дійсно їхні думки правильні. Також вони повинні накопичувати справи милосердя, щоби Бог дав їм благодать.

Інколи люди просять мене помолитися про них, щоби вони мали віру. Звичайно, жаль, що вони не мають віри навіть після того, як вони стали свідками сили Бога і довго слухали

Боже Слово, але все-таки це набагато краще, ніж зовсім не намагатися. У випадку з серцями, які схожі на ґрунт край дороги, члени їхньої родини і лідери церкви повинні молитися про них і направляти, але важливо, щоби вони також докладали власних зусиль. Тоді у певний час зерно Слова почне пускати паростки у їхньому серці.

Серце, яке порівнюється з ґрунтом кам'янистим повинно позбутися любові до цього світу.

Якщо ви сієте зерна у кам'янистий ґрунт, вони проростуть, але не виростуть добре через каміння. Так само люди, які мають серце, схоже на кам'янистий ґрунт, скоро загинуть, коли почнуться випробування, переслідування, або прийдуть спокуси.

Коли вони отримують Божу благодать, вони відчувають, ніби дійсно бажають спробувати жити за Божим Словом. Вони можуть навіть відчути вогняні справи Святого Духу. Тобто, зерно Слова падає на їхнє серце і проростає. Однак навіть отримавши цю благодать, у них виникають конфліктні думки, коли вони збираються піти до церкви наступної неділі. Звичайно, вони відчувають Святого Духа, але починають сумніватися, відчуваючи, що то був якийсь момент емоційного збудження. У них виникають думки, які змушують їх сумніватися, і вони знову зачиняють двері свого серця.

Для інших людей конфліктом може бути те, що вони не можуть покинути свої улюблені заняття або інші розваги, якими вони звикли насолоджуватися, і вони не святять День

Господній. Якщо їх переслідують члени родини або начальники на роботі, коли вони ведуть сповнене Духу життя у вірі, вони перестають ходити до церкви. Вони отримують благодать і, здається, якийсь час ведуть ревне життя у вірі, але коли виникає проблема з іншими віруючими в церкві, вони можуть образитися і швидко залишити церкву.

Тоді чому зерно Слова не пускає коріння? Через «камені», які існують у серці. Тіло серця символічно зображене, наче «каміння», і саме ця неправда заважає їм коритися Слову. Серед багатьох неправдивих речей, ці настільки важкі, що вони блокують зерно Слова і не дають пустити коріння. А конкретніше, це тіло серця, яке любить цей світ.

Якщо люди люблять якусь форму мирської розваги, їм важко виконувати Слово, у якому говориться: «Святіть День Господній». Також люди, які мають камінь жадібності у своєму серці, не приходять до церкви, тому що ненавидять віддавати десятину і жертвувати Богові. Деякі люди мають камені ненависті, тому слово любові не може вкоренитися.

Серед людей, які ходять до церкви, є такі, що мають серце – наче кам'янистий ґрунт. Наприклад, незважаючи на те, що вони народилися і були виховані у християнських сім'ях, вчили Слово з дитинства, вони не живуть за Словом. Такі люди відчули Святий Дух та іноді отримували благодать, але вони не позбулися любові до цього світу. Поки вони слухають Слово, вони думають про себе, що не повинні жити так, як тепер, а коли повертаються додому, вони знову потрапляють у цей світ. Вони живуть, широко розставивши паркан, однією ногою перебуваючи на стороні Бога, а другою – у цьому світі. Через Слово, яке вони почули, вони не залишають Бога, але досі мають багато каменів у своєму серці, які заважають Божому Слову вкоренитися.

Також деякі кам'янисті землі є такими лише частково. Наприклад, деякі люди вірні без будь-яких розумових змін. Також вони приносять деякі плоди. Але вони мають ненависть у серці і конфліктують з іншими через будь-яке питання. Вони також осуджують, порушуючи спокій всюди. Тому, після багатьох років, вони не приносять плід любові або лагідності. Інші люди мають лагідні і добрі серця. Вони проявляють увагу і розуміння до інших, але вони невірні. Вони легко порушують обіцянки і у багатьох питаннях проявляють безвідповідальність. Тому вони повинні виправити свої недоліки, щоби зорати своє серце-ґрунт, перетворивши його на гарну землю.

Тож що ми повинні робити, щоби зорати кам'янистий ґрунт?

По-перше, ми повинні старанно виконувати Слово. Віруюча людина намагається виконувати свої обов'язки у покорі Слову, де говориться, щоби ми були вірні. Але це не так просто, як здається.

Коли вона була звичайним членом церкви, без звання або посади, їй служили інші члени. Але тепер, на своїй посаді, така людина повинна служити іншим звичайним членам. Вона може дуже старатися. Але вона матиме важкі почуття, коли працює з кимось, хто насправді не погоджується з її методами. Погані почуття такої людини – обурення і запальність – походять із серця. Поступово така людина втрачає повноту Духу і навіть думає про те, щоби кинути свій обов'язок.

Тож ці погані почуття – це камені, які необхідно видалити зі свого серця-ґрунту. Ці погані почуття походять з великого каменю, який називається «ненависть». Коли людина намагається коритися Слову, «бути вірною», вона стикається з каменем, який називається «ненависть». Довідавшись про це, людина повинна атакувати цей камінь, який називається «ненависть», і прибрати його. Лише тоді вона зможе скоритися Слову, говорячи, щоби ми мали любов і мир. Також вона не повинна зупинятися лише тому, що це важко, але ще рішучіше і палкіше продовжувати виконувати свій обов'язок. Таким чином, людина може перетворитися на лагідного працівника.

По-друге, ми повинні щиро молитися, коли застосовуємо на практиці Боже Слово. Коли дощ падає на землю, стає волого і тихо. Гарний час для того, щоби прибрати каміння. Так само, коли ми молимося, ми сповнюємося Духу, і наше серце м'якшає. Коли ми наповнюємося Святим Духом через молитви, ми не повинні втратити такий шанс. Ми повинні швидко прибрати каміння. А саме, ми повинні негайно застосувати на практиці те, що раніше не могли зробити. Якщо ми продовжимо це робити знову і знову, навіть великі камені, які сидять глибоко в землі, можна розхитати і витягнути. Отримуючи благодать і силу, яку Бог дав нам згори, отримуючи повноту Святого Духу, ми зможемо позбутися гріхів і зла, яких не могли позбутися за допомогою власної сили волі.

Ґрунт, де росте тернина, не приносить плоди через турботи цього світу і обман багатства.

Якщо ми сіємо зерна у землю, де росте тернина, вони можуть пустити паростки і вирости, але, зростаючи з терниною, вони не зможуть принести жодних плодів. Так само люди, які мають серце, схоже на тернину, вірять і намагаються застосувати на практиці дане їм Слово, але не можуть зробити цього у повній мірі. Це тому що вони мають турботи цього миру, обман багатства, тобто жадобу до грошей, слави і влади. Тому вони живуть у стражданнях і випробуваннях.

Такі люди мають постійні тривоги через фізичне: хатня робота, власний бізнес і майбутня робота, навіть коли вони прийшли до церкви. Вони мають отримати заспокоєння і нову силу, перебуваючи на богослужінні у церкві, але лише хвилюються і сповнюються турботами. Тоді, незважаючи на те, що вони провели так багато недільних днів у церкві, вони не можуть відчути істинну радість і мир у дотримання святості неділі. Якщо вони щиро святять неділю, їхнім душам вестиметься добре, і вони отримають духовні і матеріальні благословення. Але вони не можуть отримати такі благословення. Тому вони повинні позбутися тернини і застосовувати на практиці Боже Слово належним чином, щоби мати добре серце-ґрунт.

Тож яким чином ми можемо зорати тернину?

Ми повинні викорінити тернину. Тернина означає тілесні думки. Її коріння символізує все зло і тілесне, яке є у серці. Тобто, зло і тілесні ознаки у серці – це джерела тілесних думок. Якщо на кущах терну обрізати гілки, вони виростуть знову. Так само, незважаючи на те, що ми вирішили не мати тілесних думок, ми не можемо їх зупинити, тому що маємо зло у своєму серці. Ми повинні видалити тілесне зі свого серця разом із корінням.

Разом з великою кількістю коренів, якщо ми видалимо корені, які називаються жадібністю і гордовитістю, ми можемо видалити тілесне зі свого серця у значній мірі. Ми схильні бути зв'язаними з цим світом і турбуватися про мирське, тому що маємо жадібність до тілесного. Тоді ми завжди думаємо про те, що для нас вигідне, і прямуємо власним шляхом, хоча можемо стверджувати, що живемо за Божим Словом. Також, маючи гордовитість, ми також не можемо підкоритися повністю. Ми користуємося тілесною мудрістю і своїми тілесними думками, тому що вважаємо себе здатними щось зробити. Тому спочатку ми повинні видалити коріння, яке називається жадібність і гордовитість.

Обробляти добру землю

Коли зерна посіяні у добру землю, вони пускають паростки, виростають і приносять плоди у 30, 60 та 100 разів більше. Люди з таким серцем-ґрунтом, не мають самовдоволення і власних рамок, на відміну від тих, хто має серце, яке схоже на ґрунт край дороги. Вони не мають каменів та терну, а тому підкоряються Божому Слову, промовляючи лише «Так» і «Амінь». Таким чином, вони можуть принести багатий врожай.

Звичайно, важко виявити чітку різницю між ґрунтом край дороги, кам'янистим ґрунтом, терниною і доброю землею серця людини, аналізуючи його за допомогою якоїсь одиниці виміру. Серце, яке подібне до ґрунту край дороги, може містити у собі кам'янисту землю. Навіть у добрій землі можна зустріти неправду, яка, наче камені, заважає процесу росту. Але незалежно від якості ґрунту ми можемо зробити землю доброю, якщо будемо її ретельно орати. Так само важливим є те, наскільки старанно ми оремо поле, а не яке ми маємо серце-ґрунт.

Навіть дуже нерівну неродючу землю можна перетворити на добру землю, якщо господар буде старанно її орати. Так само серце-ґрунт людей можна змінити за допомогою Божої сили. Навіть затверділі серця, схожі на землю край дороги, можна зорати за допомогою Святого Духу.

Звичайно, отримання Святого Духу не обов'язково означає, що наші серця зміняться автоматично. Також необхідно докласти власних зусиль. Ми повинні намагатися палко молитися, думати про все лише в істині і намагатися здійснювати істину на практиці. Ми не повинні складати руки, намагаючись щось зробити протягом кількох тижнів або місяців, але продовжувати свої намагання.

Бог бере до уваги наші зусилля перед тим, як дати нам Свою благодать і силу Святого Духа. Якщо ми пам'ятаємо про те, що нам необхідно змінити, і дійсно змінюємо ці риси характеру за благодаттю і силою Бога, а також за допомогою Святого Духу, тоді ми напевно будемо іншими через рік. Ми промовлятимемо гарні слова, виконуватимемо істину, наші думки зміняться на добрі, які ґрунтуються на істині.

В залежності від того, наскільки ми перетворюємо своє серце-ґрунт на гарну землю, інші плоди Святого Духу також народяться в нас. Зокрема, лагідність тісно пов'язана з обробкою нашого серця-ґрунту. Якщо ми не позбудемося будь-якої неправди: дратівливості, ненависті, заздрості, жадібності, сварок, хвастощів і самовпевненості, ми не зможемо бути лагідними. Тоді інші душі не зможуть знайти в нас спокій.

Тому лагідність безпосередньо пов'язана зі святістю, більше, ніж інші плоди Святого Духу. Ми можемо швидко отримати все, про що просимо у молитві, як добра земля, яка дає плід, якщо зростимо духовну лагідність. Ми також зможемо ясно почути голос Святого Духу, так що будемо сковані до процвітання в усьому.

Благословення для лагідних

Нелегко управляти компанією, яка має тисячі найманих робітників. Навіть якщо ви стали лідером групи внаслідок голосування, керувати групою – непроста задача. Щоби об'єднати велику кількість людей і бути їхнім лідером, ми повинні завоювати їхні серця за допомогою духовної лагідності.

Звичайно, люди можуть слухатися тих, хто має силу, або багатих, які, здається, допомагають бідним в усьому світі. Корейська приказка говорить: «Коли хазяйська собака помирає, виникає потік плакальників, але коли помирає сам господар, плакальників немає зовсім». Тобто, ми можемо дізнатися про те, чи насправді людина була лагідною, коли вона втратить владу і багатство. Якщо людина багата і могутня, люди, здається, слухаються її, але важко знайти таку людину, яка б залишалася поряд до кінця, незважаючи на те, що перша втратила владу і багатство.

Але людину, яка має доброчесність і великодушність, підтримують багато людей, навіть якщо вона втрачає владу і багатство. Вони підтримують її не внаслідок грошової вигоди, але щоби відпочити в тій людині.

Навіть у церкві деякі лідери говорять, що це важко, тому що вони не можуть прийняти і обійняти навіть тих людей, які є членами малої групи. Якщо вони бажають мати відродження у своїй групі, вони повинні спочатку зростити лагідне серце, м'яке, наче бавовна. Тоді члени групи зможуть знайти спокій у своїх лідерах, зможуть насолоджуватися миром і щастям, і за цим автоматично прийде відродження. Пастори і служителі повинні бути дуже лагідними і мати змогу прийняти багато душ.

Лагідним дане благословення. В Євангелії від Матвія 5:5 написано: *«Блаженні лагідні, бо землю вспадкують вони»*. Як говорилося раніше, вспадкувати землю не означає отримати землю на цій землі. Це означає, що ми отримаємо землю на небесах в залежності від того, наскільки ми зростили духовну лагідність у своєму серці. Ми отримаємо досить велику оселю на небесах, щоби мати змогу запросити кожну душу, яка знайшла відпочинок в нас.

Здобуття такої великої оселі на небесах означає, що ми також обійматимемо почесну посаду. Незважаючи на те, що ми маємо таку велику ділянку на землі, ми не зможемо забрати її з собою на небеса. Але земля, яку ми отримаємо на небесах завдяки зрощенню лагідного серця, буде нашою спадщиною, яка ніколи не зникне. Ми насолоджуватимемось вічним щастям разом з Господом і своїми коханими.

Отже, я сподіваюся, що ви старанно оратимете своє серце, щоби принести прекрасний плід лагідності, щоби ви змогли вспадкувати велику ділянку землі у Небесному Царстві, так само, як Мойсей.

1 Послання до коринтян 9:25

«І кожен змагун від усього стримується;

вони ж щоб тлінний прийняти вінок,

але ми щоб нетлінний».

Закону нема на таких!

Розділ 10

Здержливість

Здержливість необхідна в усіх сферах життя

Здержливість є найважливішою для Божих дітей

Здержливість вдосконалює плоди Святого Духу

Докази того, що був принесений плід здержливості

Якщо ви бажаєте приносити плід здержливості

Здержливість

Марафонська дистанція становить 42,195 км (26 миль і 385 ярдів). Бігуни повинні добре управляти своєю ходою, щоби добігти до фінішу. Це не коротка дистанція, яка завершується швидко, тому вони не повинні безладно бігти на повній швидкості. Вони повинні бігти статечно протягом всієї дистанції, а коли дістаються відповідної точки, вони можуть зробити останній ривок.

Такі саме принципи стосуються нашого життя. Наша віра повинна бути міцною до кінця у наших перегонах віри. І ми повинні виграти боротьбу з самими собою, щоби отримати перемогу. Крім того, люди, які бажають отримати славетні вінці у Небесному Царстві, повинні проявляти стриманість в усьому.

Здержливість необхідна в усіх сферах життя

У цьому світі ми можемо бачити, що нестримані люди ускладнюють своє життя і спричинюють труднощі для себе. Наприклад, якщо батьки надто люблять свого сина лише тому, що він – їхня єдина дитина, ймовірніше, вони розбестять його. Також хоча люди знають, що вони повинні управляти своєю сім'єю і піклуватися про неї, ті, хто захоплюються азартними іграми або іншими формами задоволення, руйнують свої сім'ї, тому що не можуть контролювати себе. Вони говорять: «Це останній раз. Я більше не буду такого робити», але «останній раз» продовжується знову і знову.

У відомому китайському історичному романі «Роман

трьох королівств» Жан Фей сповнений любові і мужності, але він запальний і агресивний. Лю Бей і Гуан Ю, які присягають у братерстві, завжди хвилюються, що він може у будь-яку мить зробити помилку. Жан Фей отримує багато порад, але насправді не може змінити свій характер. Зрештою через свою запальність він потрапляє у біду. Він б'є і карає своїх підлеглих, які не виправдовують його сподівань. Тоді двоє чоловіків, які вважають себе несправедливо покараними, виявляють своє незадоволення, підступно вбивають його і здаються ворогові.

Також люди, які не вміють володіти собою, ображають почуття багатьох людей вдома і на роботі. Вони легко можуть спричинити неприязнь між собою та іншими людьми, а отже, вірогідніше, що вони не матимуть процвітаючого життя. Але мудрі люди покладатимуть провину на себе і терпітимуть інших навіть у ситуаціях, коли провокується гнів. Навіть якщо інші люди роблять великі помилки, вони проявляють стриманість і розтоплюють серця інших людей словами підтримки. Такі вчинки праведні, вони здобудуть серця багатьох людей, і їхнє життя процвітатиме.

Здержливість є найважливішою для Божих дітей

По суті, ми, як Божі діти, повинні володіти собою, щоби позбутися гріхів. Чим менше ми маємо самовладання, тим більше труднощів ми відчуваємо, позбавляючись гріхів. Коли ми слухаємо Боже Слово і отримуємо Божу благодать, ми вирішуємо змінитися, але нас може знову спокусити цей світ.

Ми можемо зрозуміти це зі слів, які виходять з наших уст. Багато людей молиться про те, щоби їхні уста стали святими і бездоганними. Але у своєму житті вони забувають, про що вони молилися, тож говорять, як їм забажається, керуючись старими звичками. Коли вони бачать те, що відбувається, що важко їм зрозуміти, тому що це протилежить тому, що вони думають або у що вірять, деякі люди невдовзі починають скаржитися і нарікати.

Можливо, вони пошкодують про це після скарги, але вони не можуть контролювати себе, коли їхні емоції збуджені. Також деякі люди настільки люблять розмовляти, що почавши говорити, вже не можуть зупинитися. Вони не бачать різниці між словами істини і неправди, між тим, що вони повинні говорити, і чого говорити не треба, тому вони багато помиляються.

Ми можемо побачити, наскільки важливим є самовладання, розглянувши питання про управління словами.

Здержливість вдосконалює плоди Святого Духу

Але плід самовладання, як один із плодів Святого Духу, означає не просто контроль над собою, щоби уникнути гріхів. Самовладання, як один із плодів Святого Духу, контролює інші плоди Святого Духу, так що вони можуть стати бездоганними. Тому перший плід Духу – це любов, а останній – здержливість. Здержливість порівняно менш помітна, ніж інші плоди, але вона дуже важлива. Вона управляє всім, так щоби була стабільність, організованість і твердість. Здержливість згадується останньою серед усіх плодів Духу, тому що всі інші плоди можна вдосконалити за допомогою здержливості.

Наприклад, незважаючи на те, що ми маємо плід радості, ми не можемо просто висловлювати свою радість будь-де і будь-коли. Коли інші люди тужать на похоронах, якщо на вашому обличчі буде широка посмішка, що про вас подумають? Вони не зможуть сказати, що ви люб'язні, за те, що ви приносите плід радості. І хоча радість отримання спасіння дуже велика, ми повинні управляти нею в залежності від ситуації. Так ми зможемо зробити його істинним плодом Святого Духу.

Дуже важливо бути здержливою людиною, вірною Богові. Особливо коли ви маєте багато обов'язків, ви повинні розподіляти свій час відповідним чином, щоби бути там, де вам необхідно у призначений час. Навіть коли якісь збори дуже добрі, ви маєте їх завершити у належний час. Так само, щоби бути вірними в усьому Божому домі, нам необхідно мати плід здержливості.

Він такий самий, як і інші плоди Святого Духу, у тому числі любов, добрість, милосердя, та інші. Коли плоди, які народилися у серці, проявляються у справах, ми повинні виконувати керівництво і голос Святого Духу, щоби зробити їх найбільш доречними. Ми можемо визначити пріоритети, яку роботу слід виконати у першу чергу, а яку можна виконати пізніше. Ми можемо визначити, чи повинні ми йти вперед, або відступити. Ми можемо мати таку проникливість завдяки цьому плоду здержливості.

Якщо хтось приніс всі плоди Святого Духу повністю, це означає, що він виконує бажання Святого Духу в усьому. Щоби виконувати бажання Святого Духу і діяти бездоганно, ми повинні мати плід здержливості. Тому ми говоримо, що всі плоди Святого Духу завершуються завдяки плоду здержливості, останнього плоду.

Докази того, що був принесений плід здержливості

Коли інші плоди Святого Духу, народжені у серці, проявляються зовні, плід здержливості стає схожим на третейський суд, який дає гармонію і спокій. Навіть коли ми беремо щось гарне в Господі, ми повинні розуміти, що брати все, що ви можете, – це не завжди найкращий варіант. Ми говоримо про те, що надмірне гірше за щось недостатнє. У дусі також, ми повинні робити все стримано, виконуючи бажання Святого Духу.

Тепер дозвольте мені пояснити, як можна докладно показати плід здержливості.

По-перше, ми будемо виконувати порядок ієрархії в усьому.

Розуміючи своє положення у суспільстві, ми будемо знати, коли необхідно діяти, а коли це робити не потрібно, які слова ми повинні і не повинні говорити. Не повинно бути жодних суперечок, сварок або непорозумінь. Також ми не робимо нічого недоречного, або такого, що виходить за межі нашої посади. Наприклад, припустимо, лідер місіонерської групи попросив адміністратора виконати певну роботу. Адміністратор, повний пристрасті, вважає, що знає краще, що треба робити, тому змінює дещо на власний розсуд і виконує роботу відповідно. Тому, незважаючи на те, що працівник доклав багато пристрасті, він не дотримався інструкцій, а все змінив через відсутність здержливості.

Бог більше нас поважатиме, коли ми будемо виконувати наказ, зважаючи на іншу точку зору у місіонерській групі церкви, як президент, віце-президент, адміністратор, секретар або скарбник. Наші лідери можуть виконувати роботу не так, як її виконуємо ми. Тоді, незважаючи на те, що наші думки нам подобаються більше, і, ймовірніше, дадуть більше плодів, ми не можемо принести гарний плід, якщо порядок і спокій порушені. Сатана завжди втручається тоді, коли руйнується мир, а роботі Бога буде чинитися перешкода. Якщо щось не є абсолютною неправдою, ми повинні подумати про всю групу, скоритися і відстоювати мир відповідно до порядку, щоби все було зроблено прекрасно.

По-друге, ми можемо зважати на зміст, час і місце, коли чинимо щось гарне.

Наприклад, покликувати в молитві – це щось гарне, але якщо ви нерозважливо будете вигукувати у будь-якому місці, це може зганьбити Бога. Також коли ви проповідуєте

Євангеліє або відвідуєте членів церкви, пропонуючи їм духовне керівництво, ви повинні вміти підбирати слова. І хоча ви розумієте деякі глибокі духовні речі, ви не можете просто розповідати це будь-кому. Якщо ви розповідаєте те, що не відповідає мірі віри слухача, це може призвести до того, що та людина спіткнеться або почне осуджувати.

У деяких випадках людина може свідчити або ділитися своїми духовними висновками з людьми, які зайняті якоюсь роботою. І хоча ваші думки гарні, людина не зможе повчати інших, якщо це відбувається у неналежній ситуації. Незважаючи на те, що інші люди слухатимуть, щоби не здатися грубими, вони не зможуть звернути належної уваги на свідоцтва внаслідок своєї зайнятості і знервованості. Дозвольте навести інший приклад. Коли вся парафія або група людей звертається до мене за консультацією, і якщо одна людина буде постійно розповідати свої свідоцтва, що відбудеться з тими зборами? Та людина прославляє Бога, тому що сповнена благодаті і Духу. Але в результаті ця особа використає весь час, виділений для цілої групи. Це відбувається через те, що людині бракує здержливості. Незважаючи на те, що ви робите щось дуже добре, ви повинні зважати на всі обставини і вміти володіти собою.

По-третє, ми не проявляємо нетерпіння і не поспішаємо, але спокійні, тому можемо реагувати на кожну ситуацію розважливо.

Люди, які не мають здержливості, нетерплячі і не думають про інших. Оскільки вони поспішають, вони мають менше здатності щось зрозуміти і можуть не помітити чогось важливого. Вони необдумано приймають рішення і осуджують, а це бентежить інших людей. Тому що люди, яким бракує здержливості, коли вони слухають, або дають відповідь, роблять багато помилок. Ми не повинні нетерпляче переривати когось під час розмови. Ми повинні уважно вислухати до кінця, щоби уникнути поспішних висновків. Крім того, таким чином ми можемо зрозуміти наміри тієї людини і відреагувати відповідним чином.

Перед тим, як Петро отримав Святого Духа, він був нетерплячий. Він відчайдушно намагався управляти собою поряд з Ісусом, але, незважаючи на це, інколи його характер проявлявся. Коли Ісус сказав Петру, що той зречеться Його перед розп'яттям, Петро одразу спростував слова Ісуса, сказавши, що він ніколи не зречеться Господа.

Якби Петро мав плід здержливості, він би не сперечався з Ісусом, а спробував би знайти правильну відповідь. Якби він знав, що Ісус – Божий Син, і що Він ніколи не говорить нічого безглуздого, він би запам'ятав слова Ісуса. Таким чином, він би був досить обережним, і такого би не відбулося. Належна розважливість, яка дає нам змогу реагувати належним чином, походить від здержливості.

Євреї були дуже гордими. Вони були такими гордими, що суворо виконували Божий Закон. І оскільки Ісус докорив фарисеям і садукеям, політичним і релігійним лідерам, вони не могли ставитися до Нього доброзичливо. Особливо, коли Ісус сказав, що Він – Син Божий, вони визнали це богохульством. У той час наближалося Свято кущів. Приблизно у період збору врожаю вони ставили кущі на згадку про Вихід і прославляли Бога. Звичайно на свято люди йшли в Єрусалим.

Але Ісус не збирався до Єрусалиму, хоча свято наближалося. Його брати спонукали Його піти в Єрусалим, явити дива і розкрити Себе, щоби отримати підтримку народу (Євангеліє від Івана 7:3-5). Вони сказали: *«Тайкома бо не робить нічого ніхто, але сам прагне бути відомий»* (вірш 4). Хоча дещо здається розсудливим, це не має жодного відношення до Бога, якщо тільки це не відбувається відповідно до Його волі. Брати Ісуса вважали, що Ісус робить неправильно, спокійно чекаючи свого часу.

Якби Ісус не мав здержливості, Він би пішов в Єрусалим негайно, щоби явити Себе людям. Але Його не похитнули слова Його братів. Він чекав належного часу, щоби Божий план виповнився. Тоді Він пішов в Єрусалим, непомічений людьми, після того, як Його брати вже пішли туди. Він діяв відповідно до Божого плану, точно знаючи, коли йти і коли зупинятися.

Якщо ви бажаєте приносити плід здержливості

Коли ми розмовляємо з людьми, ми бачимо, що їхні серця і внутрішній світ різні. Дехто бажає виявити вади інших людей, щоби приховати власні провини. Вони можуть попросити дещо, щоби задовольнити їхню жадібність. Але вони скажуть, що про це попросив хтось інший. Здається, що вони питають для того, щоби зрозуміти Божу волю, але насправді вони намагаються витягнути відповідь, яка їм вигідна. Але якщо ви спокійно поспілкуєтеся з ними, ви побачите, як відкривається їхнє серце.

Здержливих людей неможливо легко похитнути словами. Вони можуть спокійно слухати інших, бачити істину за допомогою справ Святого Духу. Якщо вони бачать це, маючи здержливість, і відповідають, вони можуть уникнути багатьох помилок, спричинених неправильними рішеннями. Настільки вони матимуть владу і впливатимуть своїми словами, так що їхні слова можуть мати більший вплив на інших. Тож яким чином ми можемо приносити важливий плід здержливості?

По-перше, ми повинні мати незмінні серця.

Ми повинні зрощувати правдиві серця, в яких немає фальші і підступності. Тоді ми можемо мати право робити те, що ми вирішили зробити. Звичайно, ми не можемо зростити таке серце за одну ніч. Ми повинні продовжувати виховувати себе, починаючи з утримання свого серця у малому.

Жив собі учитель зі своїми учнями. Одного дня вони проходили повз ринок і побачили, як продавці сваряться між собою і почали сперечатися з ними. Учні були роздратовані і долучилися до сварки, але учитель був спокійний. Повернувшись з ринку, учитель дістав з комірчини пакунок листів, у яких його безпідставно критикували. Учитель показав листи своїм учням.

Потім промовив: «Я не можу уникнути непорозуміння. Але мені байдуже, чи зрозуміють мене люди. Я не можу уникнути мерзоти, з якою стикаюсь, але я можу уникнути нерозсудливості прийняти той бруд».

Тут мерзота полягає у тому, щоби стати предметом пліток інших людей. А бруд означає незатишні почуття і участь у суперечках і сварках через ті плітки.

Якби ми мали серце, як у того вчителя, ми би були непохитними за будь-яких обставин. Але краще нам стримувати своє серце, тоді наше життя перебуватиме у спокої. Люди, які можуть стримувати своє серце, можуть контролювати себе в усьому. В залежності від того, наскільки ми позбудемося всякого роду зла: ненависті, заздрості, ревнощів, настільки нас любитиме Бог і довірятиме нам.

Те, чого вчили мене у дитинстві батьки, дуже допомогло мені у пасторському служінні. Коли мене вчили ввічливо розмовляти, правильно ходити, гарним манерам поведінки, я навчився стримувати своє серце і контролювати себе. Відколи ми прийняли рішення, ми повинні виконати його і не змінювати, керуючись власними вигодами. Коли ми скупчимо такі зусилля, зрештою наше серце стане незмінним, і ми отримаємо силу володіти собою.

Ми також повинні привчати себе слухати бажання Святого Духу, не зважаючи спершу на власну думку.

В залежності від того, як ми вчимо Боже Слово, Святий Дух дає нам можливість почути Його голос через Слово, яке ми вивчаємо. Навіть якщо нас звинуватили несправедливо, Святий Дух наказує нам прощати і любити. Тоді ми можемо подумати: «Напевно, ця людина мала підстави таке зробити.

Я буду намагатися усунути непорозуміння, по-дружньому поговоривши і навівши аргументи». Але якщо наше серце сповнене неправди, ми спершу почуємо голос сатани: «Якщо я залишу це так, ця людина буде продовжувати зневажати мене. Я повинен навчити її». Навіть якщо би ми могли почути голос Святого Духу, ми би не почули його, тому що він надто слабкий у порівнянні з лихими думками, які нас охопили.

Тому ми можемо чути голос Святого Духу, коли ми старанно позбуваємося неправди у своєму серці і виконуємо Боже Слово. Ми зможемо більше чути голос Святого Духу, якщо будемо коритися навіть слабкому голосу Духу. Ми повинні спершу чути голос Святого Духу, а не покладатися на власні думки, вважаючи щось більш нагальним і гарним. Тоді, коли ми чуємо Його голос і спонукання, ми повинні скоритися і застосувати те на практиці. Коли ми привчимося звертати увагу на бажання Святого Духу і коритися їм весь час, ми зможемо почути навіть слабкий голос Святого Духу. Тоді ми матимемо гармонію в усьому.

Тобто, може здатися, що здержливість найменш визначна серед дев'яти плодів Святого Духу. Однак вона необхідна в усіх сферах різноманітних плодів. Це здержливість, яка управляє всіма іншими вісьмома плодами Святого Духу: любов'ю, радістю, миром, довготерпінням, добрістю, милосердям, вірою і лагідністю. Крім того, всі інші вісім плодів будуть повними лише з плодом здержливості, і тому останній плід, здержливість, є важливим.

Кожен з плодів Святого Духу дорогоцінніший і прекрасніший, ніж будь-який з дорогоцінних каменів у цьому світі. Ми можемо отримати все, про що попросимо у молитві, і нам в усьому вестиметься добре, якщо принесемо плоди Святого Духу. Ми також можемо явити славу Бога, показавши силу і владу Світла у цьому світі. Я сподіваюся, що ви палко бажатимете мати плоди Святого Духу більше, ніж будь-які скарби цього світу.

Послання до галатів 5:22-23

«А плід духа:

любов, радість, мир, довготерпіння,

добрість, милосердя, віра, лагідність, здержливість:

Закону нема на таких!»

Розділ 11

Закону нема на таких!

Бо ви були покликані до свободи

Ходити за Духом

Перший з дев'яти плодів – любов

Закону нема на таких!

Закону нема на таких!

Апостол Павло був євреєм із євреїв. Він прямував у Дамаск, щоби арештовувати християн. Однак по дорозі він зустрів Господа і покаявся. Він не розумів істину Євангелія, коли людина, повіривши в Ісуса Христа, у той же час отримує спасіння, але отримавши дар Святого Духу, він почав євангелізувати язичників під керівництвом Святого Духа.

Дев'ять плодів Святого Духу записані у 5 главі Послання до галатів, одного з апостольських послань Павла. Якщо ми розуміємо ситуацію тих часів, ми зрозуміємо, чому Павло написав Послання до галатів і наскільки важливо християнам приносити плоди Духу.

Бо ви були покликані до свободи

У своїй першій місіонерській подорожі Павло вирушив до Галатії. У синагозі він не проповідував Закон Мойсея і обрізання, але Євангеліє Ісуса Христа. Його слова підтвердилися наступними ознаками, і багато людей отримало спасіння. Віруючі у церкві в Галатії настільки сильно любили Павла, що, якби було можливо, вийняли би свої очі і віддали йому.

Після того, як Павло завершив свою першу місіонерську подорож і повернувся до Антиохії, в церкві виникла проблема. Декілька людей прийшло з Юдеї і почали навчати, що язичники мають обрізатися для отримання спасіння. Павло і Варнава з ними не погоджувалися і сперечалися.

Браття вирішили, що Павло і Варнава, а також декілька інших повинні піти в Єрусалим до апостолів і старших, щоби з'ясувати це питання. Вони відчували необхідність дійти згоди щодо Закону Мойсея, коли проповідували Євангеліє язичникам в Антиохії і Галатії.

У 15 главі Книги Дії зображується ситуація до і після церковного собору в Єрусалимі, з чого ми можемо зробити висновок, наскільки небезпечною була ситуація у той час. Апостоли, які були учнями Ісуса, а також старші і представники церкви зібралися і мали гарячу дискусію. Вони вирішили, що язичники повинні утримуватися від ідольських жертов, блуду, від задушенини та крові.

Вони послали людей до Антиохії з офіційним листом, де було написано рішення собору, оскільки Антиохія була центром євангелізації язичників. Вони дали деяку свободу язичникам щодо виконання законів Мойсея, тому що їм було би дуже важко виконувати закон так само, як то робили євреї. Таким чином, кожний язичник міг отримати спасіння, повіривши в Ісуса Христа.

У Книзі Дії 15:28-29 написано: *«Бо зволилось Духові Святому і нам, тягару вже ніякого не накладати на вас, окрім цього необхідного: стримуватися від ідольських жертов та крови, і задушенини, та від блуду. Оберегаючися від того, ви зробите добре. Бувайте здорові!...»*

Рішення Єрусалимського Собору передали церквам, але люди, які не зрозуміли істинності Євангелія і шлях хреста, продовжували навчати у церквах про те, що віруючі повинні виконувати Закон Мойсея. Деякі фальшиві пророки також увійшли до церкви і закликали віруючих, критикуючи апостола Павла, який не навчав Закону.

Коли стався такий випадок у церкві в Галатії, апостол Павло у своєму посланні розказав про те, що таке справжня свобода у Христі. Розповівши про те, що він звичайно виконував Закон Мойсея дуже суворо, але після зустрічі з Господом став апостолом язичників, він навчав їх істині Євангелія, промовляючи: *«Це одне хочу знати від вас: чи ви прийняли Духа ділами Закону, чи із проповіді про віру? Чи ж ви аж такі нерозумні? Духом почавши, кінчите тепер тілом? Чи ви так багато терпіли надармо? Коли б тільки надармо! Отже, Той, Хто вам Духа дає й чуда чинить між вами, чи чинить ділами Закону, чи із проповіді про віру?»* (Послання до галатів 3:2-5).

Він заявив, що Євангеліє Ісуса Христа, про яке він навчав, – це істина, тому що це одкровення від Бога, і язичники не повинні були обрізатися тому, що важливим насправді було обрізати своє серце. Він також говорив їм про бажання тіла і бажання Святого Духу, про діла тіла і плоди Святого Духу. Він це робив для того, щоби язичники зрозуміли, яким чином вони повинні користуватися своєю свободою, яку вони отримали за допомогою істини Євангелія.

Ходити за Духом

Тоді для чого Бог дав Закон Мойсея? Тому що люди були лихі, і не визнавали гріхи. Бог дав їм розуміння про гріхи і дозволив вирішити проблему гріха і досягти правди Бога. Але проблему гріха неможливо було вирішити ділами Закону. І тому Бог дозволив людям досягти правди Бога через віру в Ісуса Христа. У Посланні до галатів 3:13-14 написано: *«Христос відкупив нас від прокляття Закону, ставши прокляттям за* нас, бо написано: Проклятий усякий, хто висить на дереві, щоб Авраамове благословення в Ісусі Христі поширилося на поган, щоб обітницю Духа прийняти нам вірою».

Але це не означає, що Закон було скасовано. В Євангелії від Матвія 5:17 Ісус сказав: *«Не подумайте, ніби Я руйнувати Закон чи Пророків прийшов, Я не руйнувати прийшов, але виконати»*. А а також далі, у 20 вірші написано: *«Кажу бо Я вам: коли праведність ваша не буде рясніша, як книжників та фарисеїв, то не ввійдете в Царство Небесне!»*

Апостол Павло сказав віруючим у галатійській церкві: *«Дітки мої, я знову для вас терплю муки породу, поки образ Христа не відіб'ється в вас!»* (Послання до галатів 4:19), а на завершення він порадив: *«Бо ви, браття, на волю покликані, але щоб ваша воля не стала приводом догоджати тілу, а любов'ю служити один одному! Бо ввесь Закон в однім слові міститься: Люби свого ближнього, як самого себе! Коли ж ви гризете та їсте один одного, то глядіть, щоб не знищили ви один одного!»* (Послання до галатів 5:13-15).

Що маємо робити ми, Божі діти, які отримали Святого Духа, щоби служити один одному у любові доки Христос не відіб'ється в нас? Ми повинні ходити за Святим Духом, щоби не вчиняти пожадливості тіла. Ми можемо любити своїх близьких і мати відображення Христа, якщо приносимо дев'ять плодів Святого Духу за допомогою Його керівництва.

Ісус Христос отримав прокляття Закону і загинув на хресті, хоча був невинний. І через Нього ми отримали свободу. Щоби нам знову не стали рабами гріха, ми повинні приносити плоди Духу.

Якщо ми чинимо гріхи знову, маючи таку свободу, і розтинаємо Господа знову, роблячи вчинки тіла, ми не вспадкуємо Боже Царство. Навпаки, якщо ми приносимо плоди Духу, ходячи за Духом, Бог захистить нас, так що ворог, сатана і диявол, не завдасть нам шкоди. Крім того, ми отримаємо все, про що просимо у молитві.

«Улюблені, коли не винуватить нас серце, то маємо відвагу до Бога, і чого тільки попросимо, одержимо від Нього, бо виконуємо Його заповіді та чинимо любе для Нього. І оце Його заповідь, щоб ми вірували в Ім'я Сина Його Ісуса Христа, і щоб любили один одного, як Він нам заповідь дав!» (1 Послання Івана 3:21-23).

«Ми знаємо, що кожен, хто народився від Бога, не грішить, бо хто народився від Бога, той себе береже, і лукавий його не торкається» (1 Послання Івана 5:18).

Ми можемо приносити плоди Духу і насолоджуватися справжньою свободою як християни, коли маємо віру ходити за Духом, і віру чинити все у любові.

Перший з дев'яти плодів – любов

Першим з дев'яти плодів Духу є любов. Любов, про яку

написано у 13 главі 1 Послання до коринтян, – це любов для зрощення духовної любові, тоді як один із плодів Святого Духу перебуває на вищому рівні. Це безмежна, нескінченна любов, яка виконує Закон. Це любов Бога та Ісуса Христа. Якщо ми маємо таку любов, ми можемо пожертвувати собою повністю за допомогою Святого Духу.

Ми можемо приносити плоди радості в залежності від того, наскільки ми зростили таку любов, так щоби ми могли радіти і бути задоволеними за будь-яких обставин. Таким чином, ми не матимемо ні з ким жодних проблем, тож ми принесемо плід миру.

Оскільки ми підтримуємо мир з Богом, із самими собою і з усіма іншими, ми звичайно приносимо плід терпіння. Терпіння, яке бажає бачити Бог, це те, що ми не повинні навіть переносити щось, тому що ми маємо завершене милосердя і правду в нас. Якщо ми маємо істинну любов, ми можемо розуміти і приймати будь-яку людину, не маючи жодних поганих почуттів. Тому нам не треба буде прощати або терпіти щось у своєму серці.

Коли ми терпляче з іншими у милосерді, ми принесемо плід добра. Якщо у милосерді ми терпляче навіть з тими людьми, яких ми не можемо зрозуміти, тоді ми можемо проявити милість до них. Навіть якщо вони роблять те, що абсолютно залишається поза нормою, ми зрозуміємо їхню точку зору і приймемо їх.

Люди, які приносять плід добра, також матимуть милосердя. Вони вважатимуть інших людей кращими за себе і будуть насторожі інтересів інших людей так само, як і своїх.

Вони не сперечатимуться ні з ким і не підвищуватимуть голос. Вони матимуть серце Господа, Котрий очеретини надломленої не доломить, і ґнота догасаючого не погасить. Якщо ви приносите такий плід милосердя, ви не будете наполягати на правильності лише своєї точки зору. Ви просто будете лагідними і вірними в усьому Божому домі.

Лагідні люди не стануть каменем спотикання для жодної людини і матимуть мир з усіма. Вони мають великодушне серце, тому не осуджують, але розуміють і приймають усіх.

Щоби приносити плоди любові, радості, миру, довготерпіння, добрості, милосердя, віри, лагідності і здержливості у гармонії, необхідно мати здержливість. Багатство у Бозі добре, але Божі вчинки повинні бути завершені згідно порядку. Ми повинні мати здержливість, щоби не перестаратися, навіть чинячи добро. Виконуючи волю Святого Духу таким чином, Бог змушує всіх завжди працювати разом.

Закону нема на таких!

Помічник Святого Духу веде Божих дітей до істини, так щоби вони могли насолодитися справжньою свободою і щастям. Істинна свобода – це спасіння від гріхів і сили сатани, котрий намагається зупинити нас, щоби ми не служили Богові і не насолоджувалися щасливим життям. Це також щастя, отримане від товариства з Богом.

Як написано у Посланні до римлян 8:2: *«Бо закон духа життя в Христі Ісусі визволив мене від закону гріха й смерти»*, це свобода, яку можна отримати лише повіривши в

Ісуса Христа у своєму серці і ходячи у Світлі. Таку свободу неможливо досягнути за допомогою сили людини. Її ніколи не можна отримати без Божої благодаті, і це благословення, яким ми можемо постійно насолоджуватися, поки маємо віру.

В Євангелії від Івана 8:32 Ісус також сказав: *«...і пізнаєте правду, – а правда вас вільними зробить!»* Свобода – це істина, яка є незмінною. Вона стала для нас життям і веде нас до вічного життя. Немає істини у світі, що вмирає і змінюється. Лише незмінний Світ Бога є істиною. Знати істину означає вивчати Боже Слово, пам'ятати його і застосовувати на практиці.

Але не завжди може бути легко застосовувати істину на практиці. Люди мають неправду, яку вони вивчили до того, як дізналися про Бога, і така неправда перешкоджає їм застосовувати істину на практиці. Закон тіла, котрий бажає виконувати неправду і закон Духу життя, котрий бажає виконувати істину, будуть вести війну між собою (Послання до галатів 5:17). Це війна для того, щоби здобути свободу істини. Ця війна буде продовжуватися доки ваша віра міцна, доки ми будемо стояти на скелі віри, яка ніколи не похитнеться.

Оскільки ми стоїмо на скелі віри, нам здається набагато легшим боротися за справедливу справу. Коли ми позбудемося всього лихого і станемо освяченими, тобто, коли ми зрештою зможемо насолодитися свободою істини. Нам більше не знадобиться боротися за справедливу справу, тому що ми весь час лише будемо застосовувати істину на практиці. Якщо ми приносимо плоди Святого Духу за Його керівництвом, ніхто не може нас зупинити, щоби мати свободу істини.

Тому у Посланні до галатів 5:18 написано: *«Коли ж дух*

вас провадить, то ви не під Законом», а також у наступних віршах 22-23 написано: *«А плід духа: любов, радість, мир, довготерпіння, добрість, милосердя, віра, лагідність, здержливість: Закону нема на таких!»*

Послання дев'яти плодів Святого Духу подібне до ключів, якими відчиняються брами благословень. Але лише тому, що ми маємо ключі, двері благословень самі собою не відкриються. Ми повинні вставити ключі у замок і відкрити його, і те саме стосується Божого Слова. Незалежно від того, скільки ми чуємо, це ще повністю не наше. Ми можемо отримувати благословення, які містяться у Божому Слові, коли застосуємо його на практиці.

В Євангелії від Матвія 7:21 написано: *«Не кожен, хто каже до Мене: Господи, Господи! увійде в Царство Небесне, але той, хто виконує волю Мого Отця, що на небі»*. У Посланні Якова 1:25 написано: *«А хто заглядає в закон досконалий, закон волі, і в нім пробуває, той не буде забудько слухач, але виконавець діла, і він буде блаженний у діянні своїм!»*

Щоби отримати Божу любов і благословення, важливо розуміти, якими є плоди Святого Духу, пам'ятати їх і дійсно приносити ті плоди, застосовуючи на практиці Боже Слово. Якщо ми повністю приносимо плоди Святого Духу, застосовуючи на практиці істину повністю, ми будемо насолоджуватися справжньою свободою в істині. Ми ясно почуємо голос Святого Духу, щоби Він керував нами на всіх наших шляхах, щоби добре велося нам в усьому. В ім'я Господа я молюся про те, щоби ви насолоджувалися великою шаною як на цій землі, так і у Новому Єрусалимі, нашому кінцевому пункті призначення віри.

Автор:
доктор Джерок Лі

Доктор Джерок Лі народився у 1943 році у Муані, провінція Джеоннам, Республіка Корея. До тридцяти років на протязі семи років доктор Лі страждав від невиліковних хвороб і мав померти, не маючи надії на одужання. Одного дня навесні 1974 року його сестра привела його до церкви. І коли він став на коліна і помолився Богові, Бог зцілив його від усіх хвороб.

З того моменту, коли доктор Лі пізнав живого Бога через такий чудовий випадок, він щиро полюбив Бога усім серцем. А у 1978 році Бог покликав його на служіння. Джерок Лі палко молився про те, щоби ясно зрозуміти волю Бога та повністю виконати її. У 1982 році він заснував Центральну Церков Манмін у Сеулі, Південна Корея, а також почав виконувати численні Божі справи. У церкві почали відбуватися чудесні зцілення і дива.

У 1986 році доктор Лі отримав духовний сан пастора Щорічної асамблеї християнської церкви Сункюл, Корея. А через чотири роки, у 1990 році, його проповіді почали транслюватися в Австралії, Росії і на Філіппінах. Через деякий час ще більше країн отримали змогу чути радіопрограми завдяки роботі Радіотрансляційної кампанії Далекого Сходу, Широкомовної станції Азії та Християнського радіо мережі Вашингтон.

Через три роки, у 1993, журнал «Християнський світ» (США) оголосив Центральну Церкву Манмін однією з «50 найбільших церков світу». Доктор Лі отримав почесний ступінь доктора богослов'я у Коледжі Християнської віри, Флоріда, США. А у 1996 році – ступінь доктора духівництва у Теологічній семінарії Кінгсвей, Айова, США.

З 1993 року доктор Лі керує всесвітньою місією, проводить багато кампаній у Танзанії, Аргентині, Латинській Америці, Місті Балтимор, на Гавайях, у місті Нью-Йорк (США), в Уганді, Японії, Пакистані, Кенії, на Філіппінах, у Гондурасі, Індії, Росії, Німеччині, Перу, Демократичній Республіці Конго, Ізраїлі та Естонії.

У 2002 найбільша християнська газета Кореї назвала Джерок Лі «Всесвітнім пастором» за його роботу у багатьох великий об'єднаних кампаніях, що проводилися за кордоном. Особливо його

«Кампанія Нью-Йорк 2006», яка проводилася у Медісон Сквер Гарден, найвідомішій у світі арені, транслювалася для 220 країн світу. Під час «Ізраїльської об'єднаної кампанії 2009», яка проводилася у Міжнародному Центрі Конвенцій в Ізраїлі, доктор Лі сміливо проголосив Ісуса Христа Месією і Спасителем.

Його проповіді транслюються у 176 країнах світу через супутники, у тому числі телебачення ВХМ. Також доктор Джерок Лі потрапив у десятку найвпливовіших християнських лідерів 2009 і 2010 років за версією найпопулярнішого російського журналу *«Ін Вікторі»* і нового агентства *«Крістіан Телеграф»* за могутнє телевізійне служіння і пасторське служіння за кордоном.

З липень 2014 року Центральна Церква Манмін налічує більше 120 000 членів. Вона має 10 000 церков-філій в усьому світі, у тому числі 54 домашні церкви-філії, також відправила більше 125 місіонерів у 23 країни світу, у тому числі США, Росію, Німеччину, Канаду, Японію, Китай, Францію, Індію, Кенію та багато інших.

На момент виходу цієї книжки доктор Лі написав 88 книжки, серед яких є бестселери: *«Відчути Вічне Життя до Смерті»*, *«Моє Життя, Моя Віра І і ІІ»*, *«Слово про Хрест»*, *«Міра Віри»*, *«Небеса І і ІІ»*, *«Пекло»*, *«Сила Бога»*. Його роботи були перекладені більш ніж на 76 мови.

Його статті друкуються на шпальтах видань: *«Ганкук Ілбо»*, *«ДжунАн Дейлі»*, *«Чосун Ілбо»*, *«Дон-А Ілбо»*, *«Мунгва Ілбо»*, *«Сеул Шінмун»*, *«Кунгуан Шінмун»*, *«Ганкеорей Шінмун»*, *«Економічна щоденна газета Кореї»*, *«Вісник Кореї»*, *«Шіса Ньюс»* та *«Християнська газета»*.

Доктор Лі є та головою багатьох місіонерських організацій та об'єднань. Він – голова Об'єднаної церкви святості Ісуса Христа; президент Всесвітньої Місії Манмін; незмінний президент Асоціації всесвітньої місії християнського відродження; засновник і голова правління Всесвітньої християнської мережі (ВХМ); засновник і голова правління Всесвітньої мережі християнських лікарів (ВМХЛ); а також засновник і голова правління Міжнародної семінарії Манмін (МСМ).

Інші відомі книжки автора

Небеса I і II

Детальна розповідь про розкішне оточення, в якому житимуть небесні мешканці, а також прекрасний опис різних рівнів небесних царств.

Слово про Хрест

Сильна проповідь пробудження про всіх людей, які перебувають у духовному сні. Із цієї книги ви дізнаєтеся про те, чому Ісус – Єдиний Спаситель, а також про істинну Божу любов.

Пекло

Відкрите послання Бога всьому людству. Він бажає, щоби жодна людина не потрапила у пекло. Ви дізнаєтеся про досі невідомі думки щодо жорстокої дійсності Гадесу та пекла.

Дух, Душа і Тіло I і II

Посібник, який дає нам духовне розуміння духу, душі і тіла, і допомагає нам дізнатися про те, яке «я» ми створили, так щоби отримати силу перемогти темряву і стати людиною духу.

Міра Віри

Які оселі, вінці та нагороди приготовані для вас на небесах? Ця книга додасть вам мудрості і скерує вас, щоби ви виміряли свою віру, розвивали і вдосконалювали її.

Пробудження Ізраїлю

Чому Бог споглядав за Ізраїлем з самого початку і до теперішніх часів? Яке провидіння було приготоване в останні дні для Ізраїльського народу, який досі чекає на Месію?

Моє Життя, Моя Віра I і II

Автобіографія доктора Джерок Лі дозволяє читачам відчути найприємніший духовний аромат, розповідаючи про життя, що цвіте надмірною любов'ю до Бога посеред чорних хвиль, холодного ярма і найглибшого розпачу.

Сила Бога

Книга, яку бажано прочитати всім. Ця книга – важливий провідник, завдяки якому кожен може оволодіти істинною вірою і відчути дивовижну силу Бога.

www.urimbooks.com

www.ingramcontent.com/pod-product-compliance
Lightning Source LLC
LaVergne TN
LVHW041804060526
838201LV00046B/1122